CÓMO DEJAR DE SER OBSESIVO COMPULSIVO, CONTROLADOR O PERFECCIONISTA

Métodos Efectivos para Dejar Hábitos poco Saludables que Podrían estar Afectando tu Vida y la de los que te Rodean

ALEXIS FISCHER

© **Copyright 2022 – Alexis Fischer - Todos los derechos reservados.**

Este documento está orientado a proporcionar información exacta y confiable con respecto al tema tratado. La publicación se vende con la idea de que el editor no tiene la obligación de prestar servicios oficialmente autorizados o de otro modo calificados. Si es necesario un consejo legal o profesional, se debe consultar con un individuo practicado en la profesión.

- Tomado de una Declaración de Principios que fue aceptada y aprobada por unanimidad por un Comité del Colegio de Abogados de Estados Unidos y un Comité de Editores y Asociaciones.

De ninguna manera es legal reproducir, duplicar o transmitir cualquier parte de este documento en forma electrónica o impresa.

La grabación de esta publicación está estrictamente prohibida y no se permite el almacenamiento de este documento a menos que cuente con el permiso por escrito del editor. Todos los derechos reservados.

La información provista en este documento es considerada veraz y coherente, en el sentido de que cualquier responsabilidad, en términos de falta de atención o de otro tipo, por el uso o abuso de cualquier política, proceso o dirección contenida en el mismo, es responsabilidad absoluta y exclusiva del lector receptor. Bajo ninguna circunstancia se responsabilizará legalmente al editor por cualquier reparación, daño o pérdida monetaria como consecuencia de la información contenida en este documento, ya sea directa o indirectamente.

Los autores respectivos poseen todos los derechos de autor que no pertenecen al editor.

La información contenida en este documento se ofrece únicamente con fines informativos, y es universal como tal. La presentación de la información se realiza sin contrato y sin ningún tipo de garantía endosada.

El uso de marcas comerciales en este documento carece de consentimiento, y la publicación de la marca comercial no tiene ni el permiso ni el respaldo del propietario de la misma.

Todas las marcas comerciales dentro de este libro se usan solo para fines de aclaración y pertenecen a sus propietarios, quienes no están relacionados con este documento.

Índice

Introducción	vii
1. Necesidad de control	1
2. Perfeccionismo	9
3. Trastorno obsesivo compulsivo	19
4. Causas del trastorno obsesivo compulsivo	31
5. Cómo el ser controlador/a afecta tu vida	47
6. Cómo ser perfeccionista afecta tu vida	59
7. Cómo la obsesión y compulsión afectan tu vida	69
8. Superar la necesidad de control	77
9. Superar el perfeccionismo	85
10. Superar los pensamientos obsesivos compulsivos	101
11. La atención plena puede ayudar	111
12. Trabaja en mejorar tu persona	135
13. Importancia de la salud mental	145
14. Consejos finales	153
Conclusión	161
Referencias	163

Introducción

Imagínate que tuvieras una banda sonora de pensamientos terribles e impulsos que se repiten en tu cabeza o un miedo siempre presente a los gérmenes o lastimar a otros. Hacer las cosas en cierto orden o revisar la estufa 15 veces antes de salir de casa sería la norma.

Ahora, imagina el efecto que estos pensamientos, impulsos y compulsiones constantes, también conocidos como Trastorno Obsesivo Compulsivo (TOC), tendrían en las relaciones con una pareja romántica, familia, amigo o compañero de trabajo.

Los desafíos en ambos lados son reales, pero con las herramientas y la información adecuadas, las personas con pensamientos obsesivos compulsivos, controladores y perfeccionistas pueden entablar relaciones positivas y saludables a nivel personal y profesional.

A lo largo de este libro, descubriremos de dónde viene generalmente la necesidad de control, el perfeccionismo y las obsesiones y compulsiones; entendiendo los diferentes efectos que pueden causar en tu vida y la manera en la que tus relaciones pueden ser afectadas (algo que seguramente te ha sucedido, aunque puede que no lo hayas identificado aún).

Posteriormente, identificaremos algunas técnicas que te podrán ayudar a superar tus problemas con el control, la perfección y las compulsiones. Pondremos especial enfoque en la atención plena, el trabajar en mejorar a tu persona y en la salud mental.

La idea es empezar poco a poco, porque es importante que conozcas a fondo sobre los problemas que te aquejan.

Sabiendo la seriedad de estos síntomas y este posible trastorno, te invito a utilizar este libro como un primer paso hacia el trabajo en tu persona y como una herramienta que te ayude en tu proceso de sanación. Será un camino de altas y bajas, pero con paciencia, perseverancia y constancia, podrás lograrlo.

También puede ser que estés leyendo este libro porque algún ser querido presente comportamientos controladores, perfeccionistas o compulsivos. Si es así, te felicito por cuidar de esta persona y querer aprender más de su condición; también encontrarás en estas páginas técnicas que podrán ayudarte a lidiar con la situación.

A nadie le gusta ser víctima de sus propios pensamientos. Es hora de aceptar tus errores, aprender más sobre ti mismo/a y decidirte a trabajar en ti, pues una vez que lo hagas, verás que tienes la capacidad de superar a tu mente y ser feliz.

1

Necesidad de control

Las personas controladoras son aquellas que tienden a tomar la iniciativa, así como a controlar las situaciones y el comportamiento de las personas en sus vidas. Para algunas personas, tratar de controlar situaciones o eventos es una forma de lidiar con la ansiedad; por ejemplo, una persona con trastorno obsesivo-compulsivo (TOC), puede necesitar tener control sobre su entorno o rutina debido a los intensos temores de contaminación o delincuencia (el tratamiento de la ansiedad subyacente puede mejorar los síntomas de una persona).

Sin embargo, otras razones por las que las personas pueden actuar de forma controladora pueden ser la inseguridad, la ansiedad de alto funcionamiento o la baja autoestima. Algunas veces, el comportamiento controlador suele ser el resultado del miedo o la inseguridad por parte del controlador, a pesar de la imagen de fortaleza y confianza que suele proyectar.

· · ·

O, por otro lado, lo que en el exterior podría parecer el pináculo de la organización, la preparación o el liderazgo (él o ella tiene el día planeado al minuto) en realidad podrían ser los síntomas de la ansiedad de alto funcionamiento, en la que se usa el control como un mecanismo de afrontamiento para crear seguridad ante sus propias preocupaciones y preocupaciones en espiral: ser quien está a cargo les sirve, al permitirles un mayor control sobre los pequeños detalles.

En contra de la intuición, una persona controladora también puede tener serios problemas con la baja autoestima. Tal vez él o ella fue abandonado cuando era niño o experimentó algún otro tipo de trauma duradero. No pueden creer que alguien realmente se preocupe por ellos, por lo que tratan de controlar el comportamiento y los resultados de las personas que aman, para que se sientan más seguros.

Un subconjunto mucho más pequeño de personas adopta un comportamiento controlador como una forma de manipulación y abuso. Por ejemplo, para aislar a su ser querido de sus otros seres queridos, o para expresar dominio sobre su pareja y hacer que siga órdenes y haga lo que dice.

Una persona es abusiva si usa comportamientos para obligar a alguien a hacer lo que quiere. Estos comportamientos pueden incluir abuso físico, como golpear o quemar con cigarrillos; abuso financiero, que implica tomar el control del dinero de otra persona; coacción o agresión sexual y abuso emocional, que puede incluir insultos, intimidación o *gaslighting*.

El abuso emocional o la agresión psicológica también pueden implicar comportamientos que socavan la autoestima y la independencia de una persona, como aislarla de su familia y amigos. Así que sí, controlar puede ser lo mismo que abusar, sin embargo, esto tiende a encajar más en una minoría de las personas que controlan. La mayoría de las personas que tienen este temperamento no son abusivas.

Hasta cierto punto, todos luchamos con una propensión controladora. Es la naturaleza humana querer saber lo que viene y entender la respuesta para tratar de dar forma a las cosas y que salgan como nos gustaría. Proteger y persuadir a otros para que hagan lo que creemos que es mejor para ellos.

Todos tenemos esto dentro de nosotros hasta cierto punto.

El comportamiento controlador puede incluso parecer cosas que no esperarías, como insistir en hacer todas las tareas del hogar (lavar todos los platos o guardar todo en su sitio). Puede parecer un favor, pero en realidad, el controlador quiere que las cosas se hagan a su manera. Por lo general, la falta de flexibilidad o apertura a la retroalimentación son signos menos evidentes de que esta persona está siendo controladora de alguna manera; aun así, pueden indicar esto mismo.

. . .

Entonces, muchos de nosotros tenemos momentos y comportamientos de control dentro de nosotros. Pero, las personas que permiten que sus impulsos de control se desvíen y hagan demasiado pueden causar mucho daño en sus relaciones.

Las personas se cansarán de sentir siempre que tienen que hacer lo que la otra persona quiere o aconseja. Es probable que eventualmente se sientan enojados o resentidos por esto, y con razón. Como si no pudieran vivir libremente y hacer lo que quisieran. Es probable que esto resulte en sentimientos amargos.

Eventualmente, si alguien siente verdadera y firmemente que tiene poca libertad de elección propia y que siempre tiene que estar haciendo lo que la otra persona quiere, anhelará liberarse. Se sentirán restringidos, contenidos y atados y, por lo tanto, sentirán la necesidad de escapar, actuar o incluso irse.

¿No te gustaría que tus seres queridos se sintieran relajados, felices y animados a tu alrededor la mayor parte del tiempo?

¿Quién querría que sus seres queridos se sintieran nerviosos a su alrededor? ¿Incómodos? ¿Juzgados o avergonzados? ¿Como si caminaran sobre cáscaras de huevo?

. . .

Seguro que no te gustaría, aunque sé que a veces, mis propias luchas por ser controlador han causado este tipo de emociones en algunos de mis seres queridos. Esto es algo que sucederá cuando actúes buscando demasiado el control y no es algo bueno.

Con el tiempo, si alguien siente las emociones anteriores con frecuencia, resentimiento y anhelo de escapar de la naturaleza controladora de sus seres queridos, esto socavará el placer, la alegría y el amor en la relación, de cualquier tipo.

Más adelante veremos diversas técnicas para superar este problema, pero si estás leyendo este libro porque necesitas lidiar con la tendencia a controlar de tus seres queridos que no son abusivos (aunque siguen siendo problemáticos), puede ser una buena idea hablar con la persona sobre su comportamiento.

Una persona puede o debe intentar cuando habla con su ser querido controlador discutir formas de compartir el control o la responsabilidad, así como establecer límites claros sobre lo que es aceptable. No siempre tienes que decir "no" a una persona controladora; después de todo, puede haber momentos en que su opinión sea útil y sólida; pero, estar de acuerdo constantemente solo para mantener la paz solo reforzará el comportamiento controlador y lo establecerá como la norma.

. . .

Además, puedes ofrecer un curso de acción alternativo para reemplazar el comportamiento controlador. ¿Tu pareja o familiar constantemente hace planes para ti sin preguntar primero?

Pídele que te envíe una invitación de calendario en su lugar.

Esto ayuda a la persona a saber qué hacer y le brinda una alternativa y/o un comportamiento saludable para participar.

En el futuro, considera también que, si el controlador te exige algo, debes preguntarte qué es lo que realmente quieres hacer.

Muchas personas en relaciones controladoras pierden el contacto con sus instintos y aprenden a silenciar su voz interna, así que el siguiente paso es afirmar asertivamente lo que quieres y decir asertivamente 'no' cuando no tienes la disposición a hacer algo.

En última instancia, una persona no puede hacer que alguien quiera cambiar su comportamiento. Si tú hablas tranquila y abiertamente con alguien controlador, y esta persona no escucha, entonces puedes decidir distanciarte o incluso terminar la relación.

. . .

Alternativamente, si estás en una relación con una persona controladora, ¿significa esto que tu amistad o relación amorosa está condenada al fracaso? No. Si la situación es segura y ambas partes pueden entablar una comunicación abierta y honesta, es posible que puedas disfrutar de una relación rica y maravillosa con el llamado "obsesionado por el control", solo mantente fiel a ti mismo/a y recuerda: tampoco puedes controlarlos.

Como ocurre con la mayoría de los comportamientos humanos, las tendencias controladoras existen en un espectro.

Es posible que puedas lidiar con un amigo o pareja que insiste en que envíes un mensaje de texto cuando hayas llegado a salvo a tu destino; es otra situación completamente distinta si tu pareja te dice dónde puedes y dónde no puedes ir, y rastrea el GPS de tu teléfono.

Por lo tanto, con respecto a las personas controladoras en tu vida, evalúa si es un control abusivo o no (porque la mayor parte del tiempo no lo será), y luego considera los puntos y cursos de acción base que hemos revisado (caso por caso, ya que cada persona controladora será diferente) para saber cómo proceder.

2

Perfeccionismo

El perfeccionismo a menudo se ve como un rasgo positivo que aumenta tus posibilidades de éxito, pero puede conducir a pensamientos o comportamientos contraproducentes que dificultan el logro de los objetivos. También puede causar estrés, ansiedad, depresión y otros problemas de salud mental.

Las personas que luchan por la perfección debido a sentimientos de insuficiencia o fracaso pueden encontrar útil hablar con un terapeuta; esto a menudo puede ayudar a las personas a manejar la autocrítica excesiva.

El perfeccionismo suele definirse como la necesidad de ser o parecer perfecto, o incluso creer que es posible alcanzar la perfección. Por lo general, se ve como un rasgo positivo en lugar de un defecto. Las personas pueden usar el término "perfeccionismo saludable" para describir o justificar el comportamiento perfeccionista.

. . .

El perfeccionismo no es lo mismo que esforzarse por ser lo mejor posible. La perfección no se trata de logros y crecimiento saludables, sino que muchas personas usan el perfeccionismo como un escudo para protegerse contra el dolor de la culpa, el juicio o la vergüenza. No es lo mismo buscar mejorar tus habilidades que pasar la vida buscando un ideal inalcanzable.

La mayoría de las personas se involucran en el perfeccionismo de vez en cuando o en ciertas áreas de la vida. Las personas que son perfeccionistas casi a tiempo completo pueden sentir la necesidad de lograr la perfección constantemente.

También podrían no ser capaces de realizar una tarea a menos que sepan que pueden hacerlo perfectamente o considerar el producto final como la parte más importante de cualquier tarea. Como resultado, es posible que se concentren menos en el proceso de aprendizaje o en completar una tarea lo mejor que puedan.

Puede que no logren ver una tarea como terminada hasta que el resultado sea perfecto de acuerdo a sus estándares o incluso que tomen una cantidad excesiva de tiempo para completar una tarea que normalmente no les toma mucho tiempo a otros.

. . .

Claro que la mayoría de la gente quiere alcanzar el éxito, pero trabajar duro para alcanzar tus metas no siempre indica un comportamiento perfeccionista.

Las personas que son perfeccionistas suelen creer que nada de lo que hacen vale la pena a menos que sea perfecto; en lugar de estar orgullosos de su progreso, aprendizaje o trabajo duro, pueden comparar constantemente su trabajo con el trabajo de otros o concentrarse en lograr un resultado impecable.

Incluso cuando las personas con rasgos perfeccionistas obtienen los resultados deseados, aún pueden estar insatisfechas. Pueden sentir que, si realmente fueran perfectos, no habrían tenido que trabajar tan duro para lograr sus objetivos.

Algunos ejemplos de perfeccionismo incluyen, por ejemplo, pasar 30 minutos escribiendo y reescribiendo un correo electrónico de dos oraciones, creer que perder dos puntos en un examen es una señal de fracaso o tener dificultad para sentir felicidad por el éxito de otras personas.

De igual manera, puede serles difícil respetar los estándares de los logros de los demás o no compararse desfavorablemente y de manera poco realista con los demás. Pueden llegar a saltarse clases o evitar una tarea porque no tiene sentido hacer un esfuerzo a menos que se pueda lograr la perfección.

. . .

Otros ejemplos podrían ser el centrarse en el producto final más que en el proceso de aprendizaje y el evitar jugar un juego o probar una nueva actividad con amigos por temor a que se les muestre como menos que perfecto.

Se cree que existen algunos tipos distintos de perfeccionismo y si bien estos tipos comparten comportamientos similares, sus motivos y resultados a menudo difieren.

Perfeccionismo de estándares personales:
Alguien que practica este tipo de perfeccionismo puede adherirse a un conjunto de estándares que lo motivan. Otros aún pueden considerar que estos estándares son (a veces) bastante altos, pero motivan a la persona que los establece.

Se cree que este tipo de perfeccionismo es saludable, ya que no genera estrés excesivo ni agotamiento; las personas con perfeccionismo de estándares personales pueden ser menos propensas a desarrollar hábitos dañinos para hacer frente al estrés provocado por el perfeccionismo. Una persona solo tiene este tipo de perfeccionismo si sus objetivos le hacen sentir llena de energía y no abrumada o paralizada.

Perfeccionismo autocrítico:
Este tipo de perfeccionista es más propenso a sentirse intimidado por las metas que se propone a sí mismo en lugar de sentirse motivado. Es posible que se sientan más a

menudo desesperanzados o que sus metas nunca se harán realidad: la investigación sugiere que es más probable que el perfeccionismo autocrítico genere emociones negativas, como angustia, evitación, ansiedad y auto-condena.

Perfeccionismo prescrito socialmente:

Descrito en un estudio de la Universidad de York de 2014, este tipo de perfeccionismo describe la demanda de excelencia que a menudo se impone a las personas con trabajos que requieren una precisión extrema, como abogados, profesionales médicos y arquitectos. Las personas en estas profesiones experimentaron más pensamientos desesperanzadores, estrés y un mayor riesgo de autolesión y suicidio.

El perfeccionismo prescrito socialmente también se aplica a las personas que están sujetas a altos estándares culturales o sociales y que se esfuerzan por alcanzar estas metas poco realistas. Por ejemplo, los estudiantes pueden tener altos estándares académicos por parte de sus padres. Los adolescentes y adultos que se sienten presionados para obtener el tipo de cuerpo que la sociedad pretende ser "ideal" pueden desarrollar rasgos de perfeccionismo socialmente prescritos como resultado.

El perfeccionismo puede afectar muchas áreas de la vida de una persona, y estas áreas a menudo se denominan dominios.

. . .

A veces, el perfeccionismo afecta solo a un dominio, mientras que otras veces afecta a múltiples dominios. Existen algunas áreas clave de la vida que el perfeccionismo puede afectar, por ejemplo, el lugar de trabajo o escuela, las relaciones íntimas o amistades, la actividad física, el entorno, la apariencia, la higiene y salud o el comportamiento.

Las personas que son perfeccionistas en la escuela o en el trabajo pueden tardar más que otras en completar una tarea, también pueden evitar comenzar una tarea en la que no se sienten seguros. Esto a menudo se debe al deseo de completar la tarea a la perfección, lo que podría traducirse en una apariencia floja o desidiosa.

Por otro lado, los deportes y el atletismo a menudo fomentan o exacerban el perfeccionismo. En los deportes individuales, como la gimnasia o el atletismo, el perfeccionismo puede ser especialmente frecuente, ya que el atleta a menudo compite contra sí mismo.

El perfeccionismo también puede hacer que las personas impongan estándares poco realistas a sus seres queridos, lo que genera estrés y presión adicionales en la relación. Incluso puede suceder con su entorno, incluyendo la necesidad de que la casa o el jardín estén impecables en todo momento. Puede hacer que una persona dedique una gran cantidad de tiempo y energía a mantener su entorno inmediato ordenado o en línea con sus estándares estéticos.

. . .

Irónicamente, el perfeccionismo relacionado con la higiene y salud puede causar problemas de salud. Por ejemplo, alguien puede dejar de cepillarse los dientes porque no lo hizo bien una vez. Este tipo de perfeccionismo también puede conducir a trastornos alimentarios como la ortorexia nerviosa, en la que las personas se sienten obligadas a seguir una dieta estricta y saludable.

Cuando una persona es perfeccionista en su forma de hablar o escribir, la calidad de su habla o escritura puede disminuir. Puede hacer que hablen muy poco o que eviten escribir por miedo a cometer un error.

En cuanto a la apariencia física, el perfeccionismo puede hacer que alguien se preocupe en exceso por su arreglo personal o estilo: pueden tomar horas eligiendo qué ponerse o cómo peinarse. El perfeccionismo en torno a la apariencia física también puede provocar trastornos alimentarios o adicción al ejercicio.

Muchos factores pueden contribuir a que se desarrolle el perfeccionismo. Algunos incluyen el miedo frecuente a la desaprobación de los demás o sentimientos de inseguridad e insuficiencia, así como problemas de salud mental como ansiedad o trastorno obsesivo-compulsivo (TOC).

Si bien se ha encontrado que existe una correlación entre el TOC y el perfeccionismo, no todas las personas con perfeccionismo tienen TOC, y no todas las personas con TOC son perfeccionistas, y esto es algo que deberemos tomar en cuenta conforme avancemos en este libro.

Tener un padre que exhibe un comportamiento perfeccionista o expresa desaprobación cuando los esfuerzos de sus hijos no resultan en la perfección también puede desatar este comportamiento. Algunos padres pueden alentar a sus hijos a tener éxito en todas las áreas o empujarlos a la perfección hasta el punto de que se puede considerar abusivo.

También puede suceder que exista un apego temprano inseguro. Las personas que tenían un apego problemático con los padres cuando eran jóvenes pueden tener dificultades para calmarse a sí mismas cuando sean adultas. Pueden tener problemas para aceptar un buen resultado como bueno si no es perfecto.

Las personas con un historial de grandes logros a veces sienten una presión abrumadora para estar a la altura de sus logros anteriores. Esto a menudo los lleva a involucrarse en un comportamiento perfeccionista; los niños que son elogiados con frecuencia por sus logros pueden sentir la presión de seguir logrando a medida que envejecen, lo que también puede causar tendencias perfeccionistas.

Si sientes que puedes tener rasgos de perfeccionismo que te causan angustia a diario, debes saber que el comportamiento y los hábitos perfeccionistas se pueden cambiar. Es posible aprender actitudes más saludables sobre tus metas y estándares con la ayuda de un terapeuta confiable y compasivo. También, más adelante, veremos algunas técnicas para ayudar.

3

Trastorno obsesivo compulsivo

El trastorno obsesivo compulsivo (TOC) es un trastorno de salud mental que afecta a personas de todas las edades y estilos de vida, y ocurre cuando una persona queda atrapada en un ciclo de obsesiones y compulsiones. Las obsesiones son pensamientos, imágenes o impulsos no deseados e intrusivos que desencadenan sentimientos intensamente angustiosos, mientras que las compulsiones son comportamientos en los que se involucra un individuo para intentar deshacerse de las obsesiones y/o disminuir su angustia.

La mayoría de las personas tienen pensamientos obsesivos y/o comportamientos compulsivos en algún momento de sus vidas, pero eso no significa que todos tengamos "algo de TOC". Para poder realizar un diagnóstico de trastorno obsesivo compulsivo, este ciclo de obsesiones y compulsiones se vuelve tan extremo que consume mucho tiempo y obstaculiza actividades importantes que la persona valora.

. . .

Las obsesiones son pensamientos, imágenes o impulsos que ocurren una y otra vez y se sienten fuera del control de la persona. Las personas con TOC no quieren tener estos pensamientos y los encuentran perturbadores; en la mayoría de los casos, las personas con TOC se dan cuenta de que estos pensamientos no tienen ningún sentido.

Las obsesiones suelen ir acompañadas de sentimientos intensos e incómodos, como miedo, disgusto, duda o la sensación de que las cosas deben hacerse de la manera "correcta". En el contexto del TOC, las obsesiones consumen mucho tiempo y se interponen en actividades importantes que la persona valora. Es extremadamente importante tener en cuenta esta última parte, ya que, en parte, determina si alguien tiene TOC, un trastorno psicológico, en lugar de un rasgo de personalidad obsesivo.

Desafortunadamente, "obsesionarse" o "estar obsesionado" son términos de uso común en el lenguaje cotidiano. Estos usos más casuales de la palabra significan que alguien está preocupado por un tema, una idea o incluso una persona, pero "obsesionado" en este sentido cotidiano no implica problemas en la vida cotidiana e incluso tiene un componente placentero.

Puedes estar "obsesionado/a" con una nueva canción que escuchas en la radio, pero aun así puedes encontrarte con tu amigo para cenar, prepararte para ir a la cama a tiempo, llegar al trabajo a tiempo por la mañana, etc., a pesar de esta obsesión. De hecho, las personas con TOC tienen dificultades para escuchar este uso de "obsesión", ya que parece que disminuye su lucha contra los síntomas del TOC.

Incluso el contenido de la "obsesión" puede ser más serio, por ejemplo, todos podrían haber tenido pensamientos de vez en cuando sobre enfermarse, o preocuparse por la seguridad de un ser querido, o preguntarse si un error que cometieron podría ser catastrófico en algunos casos. Eso no significa que estas obsesiones sean necesariamente síntomas del TOC.

Si bien estos pensamientos se parecen a los que verías en el TOC, alguien sin TOC puede tenerlos, preocuparse momentáneamente y luego seguir adelante. De hecho, la investigación ha demostrado que la mayoría de las personas tienen "pensamientos intrusivos" no deseados de vez en cuando, pero en el contexto del TOC, estos pensamientos intrusivos aparecen con frecuencia y desencadenan una ansiedad extrema que interfiere en el funcionamiento diario.

Las obsesiones con factores externos más comunes en el TOC se relacionan con temas como la suciedad, los líquidos corporales (orina, heces), los gérmenes o enfermedades (herpes, VIH), los contaminantes ambientales (amianto, radiación), los productos químicos domésticos (limpiadores, disolventes) y la tierra.

En cuanto a perder el control, las obsesiones se relacionan con el miedo a actuar ante el impulso de hacerse daño, a actuar ante el impulso de dañar a otros, a imágenes violentas u horribles en la mente, a decir obscenidades o insultos o el miedo a robar cosas.

Existen obsesiones relacionadas con el peligro, como el miedo a ser responsable de que suceda algo terrible (un incendio o robo) y el miedo de hacer daño a otros por no tener el cuidado suficiente, por ejemplo, dejar caer algo al suelo que podría hacer que alguien se resbale y se lastime.

Hay obsesiones relacionadas con el perfeccionismo, como la preocupación por la uniformidad o la exactitud, la preocupación por la necesidad de saber o recordar, el miedo a perder u olvidar información importante al tirar algo, la incapacidad para decidir si mantener o desechar las cosas y el miedo a perder cosas.

Una persona obsesiva puede llegar a desarrollar pensamientos sexuales no deseados, como pensamientos o imágenes sexuales prohibidas o perversas, impulsos sexuales prohibidos o perversos sobre los demás, obsesiones sexuales que involucran niños o incesto y obsesiones sobre un comportamiento sexual agresivo hacia los demás.

Otra área de las obsesiones son también las religiosas, relacionadas con la escrupulosidad, como la preocupación por ofender a Dios o preocupación por la blasfemia y la preocupación excesiva por el bien/el mal o la moralidad.

. . .

Se pueden llegar a desarrollar otras obsesiones, como la obsesión sobre la propia orientación sexual, la preocupación por contraer una infección o enfermedad física (no por contaminación, por ejemplo, cáncer) e ideas supersticiosas sobre números de la suerte o la mala suerte, incluso ciertos colores.

Las compulsiones son la segunda parte del trastorno obsesivo compulsivo. Son comportamientos o pensamientos repetitivos que utiliza una persona con la intención de neutralizar, contrarrestar o hacer desaparecer sus obsesiones. Las personas con TOC se dan cuenta de que esto es solo una solución temporal, pero son una mejor manera de sobrellevarlo, confían en la compulsión como un escape temporal.

Las compulsiones también pueden incluir evitar situaciones que desencadenan obsesiones. Sin embargo, las compulsiones consumen mucho tiempo y se interponen en el camino de actividades importantes que la persona valora.

Al igual que las obsesiones, no todos los comportamientos repetitivos o "rituales" son compulsiones. Tienes que mirar la función y el contexto del comportamiento, por ejemplo, las rutinas a la hora de acostarse, las prácticas religiosas y el aprendizaje de una nueva habilidad implican cierto nivel de repetición de una actividad una y otra vez, pero suelen ser una parte positiva y funcional de la vida diaria.

Los comportamientos dependen del contexto: arreglar y ordenar libros durante ocho horas al día no es una compulsión si la persona trabaja en una biblioteca. Del mismo modo, es posible que tengas comportamientos "compulsivos" que no se incluirían en el TOC, si solo te gustan los detalles o te gusta tener las cosas ordenadas.

En el caso anterior, "compulsivo" se refiere a un rasgo de personalidad o algo acerca de ti mismo/a que realmente prefieres o te gusta. Sin embargo, en la mayoría de los casos, las personas con TOC se sienten impulsadas a involucrarse en un comportamiento compulsivo y preferirían no tener que realizar estos actos que consumen mucho tiempo y muchas veces son tortuosos. En el TOC, la conducta compulsiva se realiza con la intención de intentar escapar o reducir la ansiedad o la presencia de obsesiones.

Las compulsiones comunes en el TOC relacionadas con el lavado y la limpieza pueden ser el lavarse las manos en exceso o de cierta manera; ducharse, bañarse, cepillarse los dientes, arreglarse o ir al baño excesivamente; limpiar artículos del hogar u otros objetos en exceso y hacer otras cosas para prevenir o eliminar el contacto con contaminantes.

También hay compulsiones comúnmente relacionadas con la comprobación. Comprobación de que no hiciste ni harás daño a otro, que no te hiciste ni te harás daño, que no ha pasado nada terrible, que no te has equivocado e incluso de algunas partes de la condición física o cuerpo.

· · ·

Las compulsiones de repetición se presentan releyendo o reescribiendo, repitiendo actividades rutinarias (como entrar o salir de la casa, levantarse o bajarse de las sillas), repitiendo movimientos corporales (como sentir, tocar, parpadear) y la repetición de actividades en "múltiplos" (como hacer una tarea tres veces porque tres es un número "bueno", "correcto" y "seguro").

Existen compulsiones mentales, como la revisión mental de eventos para prevenir daños (a uno mismo, a otros, para prevenir consecuencias terribles), el orar para prevenir daños (a uno mismo, a otros, para prevenir terribles consecuencias), el contar mientras se realiza una tarea para terminar en un número "bueno", "correcto" o "seguro" y el "cancelar" o "deshacer" (reemplazar una palabra "mala" con una palabra "buena" para cancelarla).

Otras compulsiones pueden ser poner las cosas en orden o arreglar las cosas hasta que "se sienta bien", decir, preguntar o confesar algo para tranquilizarse y evitar situaciones que puedan desencadenar las obsesiones.

Las compulsiones y las obsesiones pueden ocupar muchas horas del día de una persona y pueden interferir con las relaciones familiares y sociales. También pueden tener un efecto negativo en la educación y el empleo. A medida que el TOC se vuelve más severo, la 'evitación' puede convertirse en un problema creciente.

· · ·

La persona puede evitar cualquier cosa que pueda desencadenar sus miedos obsesivos, pero el TOC puede dificultar que las personas realicen actividades cotidianas como comer, beber, ir de compras o leer. Algunas personas pueden ser incapaces de salir de casa. El TOC a menudo se ve agravado por la depresión y otros trastornos de ansiedad, incluida la ansiedad social, el trastorno de pánico y la ansiedad por separación.

Las personas con TOC a menudo se avergüenzan mucho de sus síntomas y se esfuerzan mucho por ocultarlos. Antes de que se identifique y trate el trastorno, las familias pueden involucrarse profundamente en los rituales del paciente, lo que puede causar angustia y trastornos a los miembros de la familia.

Las causas del TOC no se comprenden completamente. Existen varias teorías sobre las causas del TOC, que incluyen conductas aprendidas, que se vuelven repetitivas y habituales cuando se asocian con el alivio de la ansiedad. También se ha dicho que el TOC se debe a factores genéticos y hereditarios.

Puede también haber influencia de anomalías químicas, estructurales y funcionales en el cerebro como la causa; así como creencias distorsionadas que refuerzan y mantienen los síntomas asociados con el TOC.

. . .

Es posible que varios factores interactúen para desencadenar el desarrollo del TOC. Las causas subyacentes pueden verse más influenciadas por eventos estresantes de la vida, cambios hormonales y rasgos de personalidad.

El tratamiento para el TOC puede incluir tratamientos psicológicos como la terapia cognitiva conductual, técnicas de manejo de la ansiedad, grupos de apoyo y educación, y medicamentos. El tratamiento psicológico, como la terapia cognitivo-conductual, puede mejorar los síntomas y, a menudo, esta mejora se mantiene a largo plazo.

La terapia cognitiva conductual tiene como objetivo cambiar los patrones de pensamiento, las creencias y los comportamientos que pueden desencadenar la ansiedad y los síntomas obsesivo-compulsivos. Esta terapia utiliza la educación para promover el control de los síntomas. La educación incluye información que ayuda a exponer mitos sobre las causas del TOC.

Parte de la terapia consiste en exponer gradualmente a la persona a situaciones que desencadenan sus obsesiones y, al mismo tiempo, ayudarla a reducir sus compulsiones y conductas de evitación. Este proceso es gradual y suele comenzar con situaciones menos temidas. Las tareas de exposición y prevención de compulsiones se repiten diariamente y de manera constante hasta que la ansiedad disminuye.

. . .

Con el tiempo, este tipo de terapia permite que la persona recupere la confianza en su capacidad de manejarse y funcionar, incluso con ansiedad. Este proceso se conoce como exposición y prevención de respuesta (ERP).

Esta terapia debe llevarse a cabo con un profesional de la salud mental especializado y capacitado. El uso excesivo de alcohol, drogas y algunos medicamentos puede interferir con el éxito de este tipo de tratamiento.

Las técnicas de control de la ansiedad pueden ayudar a una persona a controlar sus propios síntomas.

Dichas técnicas pueden incluir entrenamiento de relajación, técnicas de respiración lenta, meditación consciente y control de la hiperventilación. Estas técnicas requieren práctica regular y son más efectivas si se usan junto con un programa de tratamiento de terapia cognitiva conductual.

Los grupos de apoyo permiten que las personas con TOC y sus familias se reúnan con comodidad y seguridad, y den y reciban apoyo. Los grupos también brindan la oportunidad de aprender más sobre el trastorno y desarrollar redes sociales.

Se ha descubierto que algunos medicamentos, especialmente los antidepresivos que afectan el sistema de serotonina, reducen los síntomas del TOC. Este medicamento solo puede ser recetado por un médico y por lo general, tarda varias semanas en producir algún efecto. Al reducir o suspender la medicación, la dosis debe reducirse lentamente bajo supervisión médica.

Los efectos secundarios de los antidepresivos pueden incluir náuseas, dolores de cabeza, boca seca, visión borrosa, mareos y cansancio. Estos efectos a menudo disminuyen después de las primeras semanas de tratamiento, pero si los efectos secundarios son graves o duran mucho tiempo, se debe consultar a un médico.

Las investigaciones han demostrado que los niños con fiebre reumática que desarrollan corea de Sydenham tienen un mayor riesgo de TOC, por lo que el tratamiento temprano con antibióticos puede reducir las posibilidades de pensamientos obsesivos en el futuro.

La evaluación y el tratamiento en el hospital pueden ser útiles para algunas personas, especialmente cuando los síntomas son graves. Una estancia en el hospital puede durar desde varios días hasta unas pocas semanas.

4

Causas del trastorno obsesivo compulsivo

A PESAR de una variedad de teorías y una considerable investigación, hasta ahora los científicos no han podido identificar una causa definitiva de por qué una persona desarrolla el trastorno obsesivo -compulsivo (TOC).

Sin embargo, hay muchas teorías sobre las causas potenciales del TOC, que involucran una sola o una combinación de ambas; comportamientos neurobiológicos, genéticos, aprendidos, embarazo, factores ambientales o eventos específicos que desencadenan el trastorno en un individuo específico en un momento determinado.

Antes de adentrarnos en las causas, es importante que aclaremos que esto es solo teoría. Ha habido muchas explicaciones de por qué las personas desarrollan TOC: algunos han argumentado que se hereda, mientras que otros han dicho que los eventos de la vida pueden causarlo y otros han sugerido que es causado por un desequilibrio químico en el cerebro.

Diferentes personas, diferentes investigadores encuentran diferentes explicaciones más útiles que otras. Pero aquí está el punto, ¡simplemente no lo sabemos! Así que vamos a resumir algunas de esas explicaciones.

Factores biológicos

Algunos investigadores de salud mental nos han animado a pensar en la investigación sobre escáneres cerebrales y similares como indicadores de que el TOC está relacionado con una causa genética o biológica. Esta investigación a menudo se describe en términos de desequilibrios químicos en el cerebro, circuitos cerebrales defectuosos o defectos genéticos.

Sin embargo, a pesar del reconocimiento de que ciertas partes del cerebro son diferentes en los pacientes con TOC, en comparación con los que no lo padecen, todavía no se sabe cómo se relacionan estas diferencias con los mecanismos precisos del TOC.

Los estudios de imágenes cerebrales han demostrado consistentemente diferentes patrones de flujo sanguíneo entre las personas con TOC en comparación con los controles, y las regiones corticales y de los ganglios basales están más fuertemente implicadas. Sin embargo, en estudios de metanálisis posteriores, las diferencias entre las personas con TOC y los controles sanos se encontraron consistentemente solo en la circunvolución orbitaria y la cabeza del núcleo caudado.

Así que sí, si bien es cierto que a veces se descubre que las personas con TOC tienen una actividad cerebral diferente, se podría argumentar que esto es de esperar. Un escáner cerebral es sensible a diferentes patrones de actividad en el cerebro y puede, por ejemplo, detectar la diferencia en términos de cómo reacciona el cerebro entre músicos expertos que escuchan música y personas sin conocimientos especiales de música.

Estas áreas del cerebro se vuelven relevantes y "activadas" en entornos particulares donde la persona está preocupada. Por lo tanto, no sorprende que existan diferencias en la activación cerebral entre las personas con TOC y las que no; esto no significa que el TOC sea una enfermedad biológica.

PANDAS

Un hallazgo de 1998 implicó a los ganglios basales como una región clave del cerebro en el TOC con el descubrimiento de que, en un subgrupo de niños, este trastorno pudo haber sido provocado por infecciones. Las infecciones estreptocócicas desencadenan una respuesta inmunitaria, que en algunos individuos genera anticuerpos que reaccionan de forma cruzada con los ganglios basales.

. . .

La explicación fue que algunos niños comienzan a mostrar síntomas de TOC después de una infección grave de garganta por estreptococos.

Se cree que la respuesta natural del cuerpo a la infección, la producción de ciertos anticuerpos, cuando se dirige a partes del cerebro podría estar relacionada de alguna manera con los trastornos neuropsiquiátricos autoinmunes pediátricos asociados con la infección estreptocócica (PANDAS, por sus siglas en inglés).

Este mecanismo puede explicar el subgrupo de niños en los que se desarrolla TOC después de una infección estreptocócica y empeora con infecciones recurrentes. Sin embargo, un estudio posterior de 2004 no encontró ningún vínculo entre las infecciones posteriores y la exacerbación de los síntomas.

Lo que sí sabemos es que, si el TOC resulta de una infección de garganta por estreptococo, los síntomas comenzarán rápidamente, probablemente dentro de una o dos semanas. Entonces, podría ser que PANDAS, aunque no sea una causa del TOC, desencadene síntomas en niños que ya están predispuestos al trastorno, tal vez a través de la genética u otras explicaciones causales.

Factores genéticos

. . .

En general, los estudios genéticos indican cierta tendencia a la ansiedad que se da en familias, aunque probablemente sea solo leve. Algunas investigaciones apuntan a la probabilidad de que los pacientes con TOC tengan un familiar con TOC o con uno de los otros trastornos del 'espectro' del TOC.

En 2001, una revisión metanalítica informó que una persona con TOC tiene 4 veces más probabilidades de tener otro familiar con TOC que una persona que no tiene el trastorno. Este y otros estudios han planteado la posibilidad de una prevalencia familiar del TOC y han dado lugar a una búsqueda para identificar factores genéticos específicos que puedan estar implicados.

Sin embargo, a pesar de la proliferación de estudios y de la sugerencia de docenas de posibles genes candidatos, hasta ahora los investigadores no han logrado identificar un gen específico responsable del TOC. También debe recordarse que muchos pacientes no identifican el TOC en ningún otro miembro de su familia, ni siquiera otros problemas de ansiedad.

Esta teoría podría cuestionarse aún más si se habla con gemelos idénticos, uno tendrá TOC y el otro no tendrá ningún problema de ansiedad. Lo que esto sugiere es que la genética puede no ser la única causa del TOC (si es que lo es), y que la prevalencia familiar del TOC podría ser un comportamiento aprendido en algunos casos.

· · ·

Entonces, aunque no podemos descartar la genética, está claro que no es toda la historia y que los factores aprendidos o ambientales pueden desempeñar un papel más importante. En resumen, no hay ningún beneficio evidente en ofrecer explicaciones biológicas de la causa del TOC, especialmente si tales sugerencias llevan a quienes lo padecen a descartar los métodos de tratamiento psicológico existentes.

Desequilibrio químico

Es común ver y escuchar a los profesionales de la salud mental describir la causa del TOC en términos de un "desequilibrio bioquímico". Estos enfoques se han centrado en un neurotransmisor en particular, la serotonina.

La serotonina es la sustancia química en el cerebro que envía mensajes entre las células cerebrales y se cree que está involucrada en la regulación de todo, desde la ansiedad hasta la memoria y el sueño. A través del descubrimiento accidental a finales de los años sesenta de la eficacia del antidepresivo tricíclico serotoninérgico, clomipramina, que no tuvo un impacto sustancial sobre la serotonina, condujo a la hipótesis de la serotonina.

Inicialmente, se sugirió que había un gran déficit de serotonina. Cuando esto no se identificó realmente, se sugirieron anormalidades cada vez más sutiles, y la evidencia en general permaneció inverosímil en el mejor de los casos.

· · ·

En años más recientes, algunos investigadores han argumentado que la evidencia más sólida para la hipótesis de la serotonina es la especificidad de los inhibidores de la recaptación de serotonina (SSRI) y los medicamentos inhibidores selectivos de la recaptación de serotonina (ISRS). Sin embargo, dado que este efecto fue la observación que generó la hipótesis, no puede ser razonablemente considerado como evidencia de la misma.

Vale la pena señalar que la recaída se asocia con frecuencia con la suspensión de los medicamentos ISRS en el TOC, más que en otras afecciones, especialmente cuando no existe una terapia conductual, que aún no se comprende por completo. Esto podría significar que la serotonina es un neurotransmisor importante involucrado en el mantenimiento del TOC, aunque no una causa específica.

En general, hay un lugar para los ISRS en el tratamiento del TOC, especialmente cuando existe una comorbilidad, siempre que la medicación siga siendo parte de la elección informada del paciente y se combine con terapia psicológica como la TCC.

Teorías psicológicas

Otra investigación ha revelado que puede haber una serie de otros factores que podrían desempeñar un papel en la aparición del TOC, incluidos los factores conductuales, cognitivos y ambientales.

. . .

Por ejemplo, de acuerdo con la teoría del aprendizaje, los síntomas del TOC son el resultado de que una persona desarrolle pensamientos y patrones de comportamiento negativos aprendidos, hacia situaciones previamente neutrales que pueden resultar de experiencias de vida.

La investigación ha revelado mucho sobre los factores psicológicos que mantienen el TOC, lo que a su vez ha llevado a un tratamiento psicológico efectivo en forma de Terapia Cognitiva Conductual (TCC).

Teoría del comportamiento – Teoría aprendida

Durante los años 50 y 60, los investigadores informaron sobre el tratamiento conductual exitoso de dos casos de neurosis obsesiva crónica (un precursor del nombre de trastorno obsesivo-compulsivo), seguido de una serie de informes de casos exitosos.

Este descubrimiento e investigación anunciaron la aplicación de modelos psicológicos a las obsesiones y el desarrollo de tratamientos conductuales efectivos. Esta investigación propuso posteriormente que los comportamientos rituales eran una forma de evitación aprendida.

. . .

La terapia conductual para las fobias se comprobó exitosa en el tratamiento de la evitación fóbica a través de la desensibilización, pero los intentos de generalizar estos métodos a las compulsiones no tuvieron mucho éxito.

Los investigadores argumentaron que era necesario abordar los comportamientos de evitación directamente asegurándose de que las compulsiones no tuvieran lugar dentro o entre las sesiones de tratamiento.

Este pensamiento anticipó los enfoques cognitivos en el sentido de que enfatizaron el papel de las expectativas de daño en las obsesiones y la importancia de invalidar estas expectativas durante el tratamiento, pero esto se consideró posteriormente como periférico a la tarea principal de prevenir las compulsiones.

Casi al mismo tiempo, a principios de los años setenta, otros investigadores desarrollaron métodos de tratamiento en los que la exposición a situaciones temidas era la característica central. Estos diferentes enfoques se incorporaron posteriormente a un programa altamente efectivo de tratamiento conductual que incorporó los principios de lo que ahora llamamos prevención de exposición y respuesta (ERP).

El apoyo para el uso de este método provino de una serie de experimentos en los que se demostró que, cuando se provoca un ritual, la incomodidad y la necesidad de ritualizar desaparecen espontáneamente cuando no se llevan a cabo los rituales (compulsiones).

Estos investigadores especificaron con elegancia la teoría conductual del TOC, que el tratamiento conductual del TOC se basa en la hipótesis de que los pensamientos obsesivos se asocian a través del condicionamiento con una ansiedad que no ha logrado extinguirse.

Los afectados han desarrollado conductas de evitación (como la comprobación y el lavado obsesivos), que impiden la extinción de la ansiedad.

Esto lleva directamente al tratamiento conductual conocido como ERP, en el que la persona: (a) se expone a estímulos que provocan la respuesta obsesiva, y (b) se ayuda a prevenir respuestas de evitación y escape (compulsivas).

Una contribución importante al desarrollo de ERP fue la observación de que la aparición de obsesiones conduce a un aumento de la ansiedad y que las compulsiones conducen a su atenuación posterior. Cuando las compulsiones se retrasaron o evitaron, las personas con TOC experimentaron una disminución espontánea de la ansiedad y la necesidad de realizar compulsiones.

La práctica continua condujo a la extinción de la ansiedad. Los 'experimentos de deterioro espontáneo' que demostraron esto fueron cruciales tanto para los terapeutas como para los pacientes para tener confianza en que, si confrontaban sus miedos, la ansiedad y la incomodidad disminuirían y finalmente desaparecerían. Estas primeras teorías y experimentos conductuales sentaron las bases para la posterior teoría y tratamiento cognitivo-conductual.

Teoría cognitiva

Muchos teóricos cognitivos creen que las personas con TOC tienen creencias defectuosas y que es su mala interpretación de los pensamientos intrusivos lo que conduce al TOC.

Según el modelo cognitivo del TOC, todo el mundo experimenta pensamientos intrusivos de vez en cuando. Sin embargo, las personas con TOC a menudo tienen un sentido de responsabilidad inflado y malinterpretan estos pensamientos como muy importantes y significativos, lo que podría tener consecuencias catastróficas.

La mala interpretación repetida de pensamientos intrusivos lleva al desarrollo de las obsesiones y debido a que los pensamientos son tan angustiosos, el individuo se involucra en un comportamiento compulsivo para tratar de resistir, bloquear o neutralizar los pensamientos obsesivos.

La teoría cognitivo-conductual se desarrolló siguiendo un enfoque en el significado atribuido a los eventos internos (o externos). La teoría cognitivo-conductual se basa en la teoría conductual ya que comienza con una proposición idéntica de que el pensamiento obsesivo tiene su origen en las cogniciones intrusivas normales.

Sin embargo, en la teoría cognitiva la diferencia entre las cogniciones intrusivas normales y las cogniciones intrusivas obsesivas no radica en la ocurrencia o incluso en la (in)controlabilidad de las intrusiones en sí, sino en la interpretación que hacen las personas con TOC sobre la ocurrencia y/o el contenido de las intrusiones.

Si la evaluación se centra en el daño o el peligro, es probable que la reacción emocional sea ansiedad.

Tales evaluaciones de cogniciones intrusivas y los consiguientes cambios de humor pueden convertirse en parte de una espiral negativa de evaluación del estado de ánimo, pero no se espera que den lugar a un comportamiento compulsivo.

Por lo tanto, los modelos cognitivo-conductuales proponen que las obsesiones normales se vuelven problemáticas cuando su ocurrencia o su contenido se interpretan como significativos y amenazantes para la persona, y es esta interpretación la que media en la angustia causada.

Así, de acuerdo con la hipótesis cognitiva, los investigadores han planteado la hipótesis de que el TOC ocurriría si las cogniciones intrusivas se interpretaran como una indicación de que la persona puede ser, puede haber sido o puede llegar a ser responsable del daño o de su prevención.

En el centro de lo amenazante que es esta evaluación está la idea no solo de cuán probable es el resultado, sino de cuán 'terrible' es para el individuo. Además, esto se contrasta con el sentido del individuo de cómo podría hacer frente a estas circunstancias.

De acuerdo con los modelos cognitivos, la interpretación de un pensamiento intrusivo da como resultado una serie de reacciones voluntarias e involuntarias que, cada una a su vez, puede tener un impacto en la fuerza de la creencia en la interpretación original. Por lo tanto, las valoraciones negativas pueden actuar como agentes causales y de mantenimiento en el TOC.

Algunos investigadores creen que esta teoría cuestiona la teoría biológica porque las personas pueden nacer con una predisposición biológica al TOC, pero nunca desarrollar el trastorno completo, mientras que otras nacen con la misma predisposición, pero cuando están sujetas a suficientes experiencias de aprendizaje, desarrollan TOC.

Teoría psicoanalítica

Comúnmente aceptada en el pasado, pero hoy en día cada vez más ignorada, la teoría psicoanalítica sugiere que el

TOC se desarrolla debido a la fijación de una persona que surge de los conflictos inconscientes o la incomodidad que experimentó durante la infancia o la niñez, o la forma en que una persona interactuó con sus padres durante la infancia. Esta teoría ahora se descarta con razón debido al fracaso de la terapia psicoanalítica para tratar el TOC.

Estrés

El estrés y los estilos de crianza son factores ambientales a los que se ha culpado de causar el TOC, pero aún no hay evidencia que lo demuestre. El estrés en realidad no causa el TOC, pero el estrés importante o los eventos traumáticos de la vida pueden precipitar la aparición del TOC. Sin embargo, no se cree que estos causen el TOC, sino que lo desencadenan en alguien que ya está predispuesto al trastorno.

Si no se trata, la ansiedad y el estrés cotidianos en la vida de una persona empeorarán los síntomas del TOC. Los problemas en la escuela o el trabajo, las presiones de los exámenes universitarios y los problemas cotidianos normales que pueden traer las relaciones son factores que contribuyen a aumentar la frecuencia y la gravedad del TOC de una persona.

Depresión

. . .

A veces también se piensa que la depresión causa el TOC. Aunque sin duda la depresión empeorará los síntomas del TOC, la mayoría de los expertos creen que la depresión es a menudo una consecuencia del TOC en lugar de una causa.

Como puedes ver, se han identificado una variedad de factores que contribuyen a la causa del TOC, y todavía existe una gran controversia teórica en torno a la causa definitiva. Sin embargo, a pesar de que la mayoría de las teorías anteriores ofrecen percepciones convincentes y altamente informativas, existe la posibilidad de que una combinación de las teorías pueda eventualmente identificarse como la causa real del TOC y es probable que para una persona determinada estén involucrados varios factores.

Mientras que la causa todavía está siendo debatida, a veces enérgicamente por los científicos, lo que no está en discusión es el hecho de que el trastorno obsesivo-compulsivo es de hecho una condición médica crónica (a veces), pero igualmente muy tratable.

También es importante que no nos obsesionemos con las causas de nuestro TOC a expensas de combatirlo y abordarlo. Incluso si pensamos que hemos identificado una causa, no necesariamente nos ayudará a superar el TOC, por lo que nuestro enfoque debe permanecer en abordar el problema que tenemos ahora, hoy, aquí y ahora.

5

Cómo el ser controlador/a afecta tu vida

Es normal que las relaciones vayan y vengan. Las amistades pueden separarse, las aventuras pueden perder su brillo y los lazos románticos pueden debilitarse. Sucede. Sin embargo, es menos normal si todas tus relaciones terminan con rupturas explosivas o resentidas. Puede ser doloroso que las personas que amas y te importan se vuelvan en tu contra, y podría llevarte a preguntarte por qué sigue sucediendo.

Este patrón negativo de ruptura puede ser una racha de mala suerte, pero también puede resultar de la necesidad de controlar ciertos aspectos de la relación. Si no le brindas a tus seres queridos el respeto, el espacio o la autonomía que se merecen, es posible que comiencen a sentirse atrapados y eventualmente se alejen.

Mantener relaciones positivas comienza con nosotros mismos.

· · ·

Tener el 'control' nos da la ilusión de que nada malo puede pasar... Las personas que tienen mucho miedo pueden compensar en exceso tratando de forzar a todo y a todos para que se ajusten a sus expectativas.

Ser controlador a menudo se considera un rasgo de personalidad, pero podría ser mejor pensar en ello como un mecanismo de afrontamiento de la ansiedad. El control es una reacción primaria al miedo, tememos algo que vemos como una amenaza. Es un instinto de supervivencia fundamental.

Cuando estás siendo controlado, lo sabes. Sientes que tu autonomía es sofocada y tu autoestima socavada. Cuando eres tú quien está tomando el control, puede que no te parezca tan obvio. Incluso podrías sentir que eres la víctima. Si estás controlando a otros para hacer frente a los síntomas de ansiedad, puedes notar algunas de estas pistas:

Te sientes agotado/a por la relación

Se necesita mucho tiempo y energía mental para rastrear cada movimiento de otra persona. Si tenemos una necesidad interna de controlar a los demás, a nuestro trabajo o a nuestros hijos, es posible que nos sintamos cansados, exhaustos, agotados y terminemos sintiendo que no importa lo que hagamos, no será suficiente.

Te sientes intensamente molesto/a y decepcionado/a por los demás, a menudo

. . .

Es posible que te sientas herido/a o te tomes como algo personal que alguien haya tomado una decisión con la que no estabas de acuerdo. Pero aquí está la cuestión: si notas que esto sucede con frecuencia, es posible que estés depositando expectativas poco realistas o injustas en los demás.

Tú tomas todas las decisiones

¿Escogiendo el restaurante? Tú te encargas. ¿Gestionar presupuestos? Tú te encargas. ¿Planeando vacaciones? Tú te encargas. Esto podría significar que eres simplemente un/a "planificador/a" natural, pero hay una línea peligrosa.

Si rechazas la opinión de la otra persona, es posible que no estés dando un paso atrás para permitir que tu pareja, amigo o familiar sea plenamente quien es en la relación y satisfaga sus propias necesidades.

A menudo "culpas" a otros o usas el tratamiento silencioso

Cuando alguien tiene la necesidad de controlar, cualquier proceso siempre tiene que ser a su manera o se enoja; generalmente este enojo se desarrolla de una manera que es desproporcionada con la situación real.

Imagínate si quisieras comer en un restaurante en particular, pero el resto del grupo no. Si te impulsa una necesidad de control, podrías decidir simplemente irte a casa o darles a tus amigos un trato silencioso y dejarles de hablar durante todo el día. Estas son tácticas de manipulación que lentamente entrenan a otros a caminar de puntillas a tu alrededor.

A menudo piensas en cómo "tendrían que" ser o "deberían" ser las cosas

Las personas que se aferran rígidamente a sus obligaciones, deberes y pendientes a menudo están tratando de controlar. Si piensas constantemente que tu pareja debería despertarse cuando tú lo haces, o que tu amigo debería hacer ejercicio cuando tú lo haces, y les echas en cara cuando no cumplen, eso es controlador.

Te frustras con la forma en que otras personas están haciendo las cosas "mal"

En realidad, puedes sentir que estás tratando de ayudar a los demás, cuando en realidad los estás presionando para que hagan las cosas a tu manera. Por lo general, las personas que tienen comportamientos controladores en la edad adulta fueron controladas en el pasado; por ejemplo, si fueron controlados por sus padres, sienten que es la forma 'correcta' de manejar las cosas.

Si crees que estás tratando de ayudar y las personas constantemente rechazan tu ayuda o te dicen que te detengas, es posible que te estés excediendo o imponiéndoles tu propia visión del mundo, sin dejarles desarrollarse plenamente.

Te cuesta seguir la corriente

Aquellos que siempre están controlando están en un

constante estado de angustia y siempre están distraídos mientras examinan su entorno para asegurarse de que su 'control' está funcionando. Incluso podrías desarrollar problemas de salud causados por el estrés.

Te sientes ansioso/a por lo que están haciendo tus seres queridos cuando están fuera de tu vista o con otras personas

Incluso podrías intentar aislarlos para mantenerlos alejados de otras personas que considere "no lo suficientemente buenas" o una "mala influencia"; sin embargo, las relaciones positivas requieren confianza, inversión, aceptación y compromiso.

También se puede ver esto en un entorno de trabajo, en los jefes que micro-gestionan a los empleados y están controlando constantemente o incluso husmeando o espiando, lo que crea una ruptura en la confianza de la relación laboral.

Independientemente de tus intenciones, controlar a los demás puede tener efectos graves y causar daños permanentes a la persona que estás controlando, que es una persona que te importa.

El deseo de poder controlar nuestro entorno y circunstancias está arraigado en nuestra conciencia. Esto se debe a que cuanto más sabemos sobre nuestro mundo, más seguros nos sentimos. Por otro lado, cuanto menos sabemos, más miedo sentimos. La necesidad de controlar está directamente arraigada en el miedo, específicamente, el miedo a lo que podría suceder fuera de nuestro control.

Puede ser natural querer controlarlo todo, pero eso no lo hace saludable. Hay muchas maneras en las que tratar de controlar todo podría resultar contraproducente a largo plazo. Echemos un vistazo a algunos de los efectos más comunes.

Aumento del estrés y la ansiedad

Las personas que intentan controlar todo pueden experimentar más estrés y ansiedad que las que no lo hacen. El simple hecho de sentirse fuera de control cuando se siente necesario tenerlo puede hacer que la presión arterial de una persona aumente.

Un estudio señaló que es más devastador cuando las cosas no salen según lo planeado para las personas que sienten la necesidad de controlar que para aquellas que sienten menos necesidad de tener el control.

Menor satisfacción

Sentir la necesidad de tener el control y no tenerlo puede hacernos sentir insatisfechos. Un estudio encontró que los sujetos con una puntuación alta en una medida de deseo general de control informaron niveles más altos de incomodidad y percibieron la habitación más llena que los sujetos con una puntuación baja en el deseo de control en ambos niveles de densidad.

El mismo acto de sentir una necesidad de control condujo a una situación menos placentera para las personas para quienes eso era una prioridad frente a aquellas otras personas para las que no lo era.

Más críticas

Debido a que no hay forma de controlarlo todo en la vida, preocuparse demasiado por cómo van las cosas fuera de tu control puede generar más críticas sobre todo lo que sucede. Después de todo, cuando no controlas los resultados que quieres, tiene sentido que no te gusten.

A su vez, ser más críticos puede volvernos más neuróticos, creando un ciclo interminable y en espiral en el que nos volvemos cada vez más infelices con nuestras vidas. Y la crítica de los demás también puede ser perjudicial para las personas que lidian con la depresión y la ansiedad, lo que las lleva a criticarse más a sí mismas.

Ahora que sabes lo mal que la necesidad de control puede afectar nuestras vidas, no debería sorprenderte que hay mucho que ganar al renunciar a esto. Renunciar a la necesidad de control a menudo se denomina rendición.

. . .

Un ejemplo de ello es el libro de Michael Singer, *"The Surrender Experiment"*, en el que el autor describe cómo mejoró su vida cuando dejó de intentar controlarlo todo. Éstos son algunos de los beneficios de renunciar a la necesidad de sentir que se puede controlar todo.

Mayor paz y relajación

Los defensores de rendirse y utilizar una práctica como la que prescribe Singer hablan de los resultados de una mayor paz y relajación.

Esto tiene sentido si consideras que tratar de controlarlo todo genera estrés y ansiedad, ya que la paz y la relajación son opuestos.

Mejor preparación para lo inesperado

Cuando estés menos concentrado/a en un resultado específico ante una situación, estarás en una mejor posición para manejar cualquiera que sea el resultado. Las personas que han renunciado al control y se han rendido pueden aceptar fácilmente cualquier sorpresa que la vida les arroje.

Al tener menos apego, son más capaces de seguir la corriente.

. . .

Esto significa que sin importar cómo se desenrede la vida, estarás bien, en lugar de depender de resultados específicos que pueden estar fuera de tu control.

Conexiones mejoradas con uno mismo y con los demás

Dado que tratar de controlar todo te hace más crítico/a contigo mismo/a y con otras personas, renunciar a ese control te permite conectarte con otros en niveles más profundos. Eso es porque no estás atando tu amor y aceptación por ti mismo y por los demás a resultados específicos.

Simplemente dejando que las personas sean como son y permitiéndote no apegarte a cómo resulta cada situación, puedes amar más libremente. Esto se aplica tanto a amar a los demás como a ti mismo/a.

Ahora que hemos visto estos beneficios, supongamos que has decidido que prefieres estar en paz y bien conectado/a con los demás, en lugar de estar estresado/a y criticar. En ese caso, probablemente te interese saber cómo puedes renunciar exactamente a la necesidad de control. Lo veremos más a fondo, pero estos primeros consejos te ayudarán a comenzar a visualizar este camino relajante.

Cualquier cosa que puedas hacer que te ayude a sentirte más bien sin tener el control es excelente. Puede ser grande o pequeño, practicado con frecuencia o solo en momentos de necesidad. Un buen ejercicio es discernir lo que puedes y no puedes controlar: no hay manera de ceder el control hasta que sepas en qué parte de la vida se necesita.

Haz un balance de lo que está pasando, piensa en las áreas de la vida que están bajo tu control y en las que no. Una vez que hayas establecido cuáles entran en cada categoría, comprométete a tratar las situaciones en las que no tienes o no tendrás control de manera diferente a como lo has hecho. Esto incluye desconectarse de los resultados y tratar a otras personas de manera diferente cuando no se comportan exactamente como tú quieres.

Puede ser útil pensar en las situaciones que no puedes controlar para sentir menos ansiedad sobre los diferentes resultados posibles. Haz tu mejor esfuerzo para sentirte cómodo/a con cada uno de ellos a medida que piensas en ellos, sabiendo que están fuera de tu control, que estás a salvo y que estarás bien sin importar cómo salgan las cosas.

Practica la atención plena, que se trata de estar presente. Estar en el momento y apreciar todo lo bueno a medida que sucede puede ayudarte a lograr el sentimiento de rendición, pues te permite regular tus emociones, lo que es especialmente útil si tienes dificultades para reducir la necesidad de control.

También reduce el estrés, que aumenta con la necesidad de control.

Escribir tus sentimientos también puede ser un gran alivio para tus niveles de estrés. Cuando escribes en un diario, es posible que puedas pensar en las cosas de una manera más profunda que si solo pensaras en ellas. Para las personas que sienten la necesidad de tener el control, escribir un diario puede ayudarles a trabajar en los posibles resultados y darles una salida para esos sentimientos sin permitir que se amplifiquen y crezcan.

Por último, ¡no hay necesidad de pasar por este proceso solo/a!

Lo más probable es que tengas al menos un ser querido que también trate de controlar todo en la vida.

Puedes comunicarte con ellos y hacerles saber que estás en una misión para rendirte y ceder el control. Pídeles que se unan a ti, luego reúnanse o habla con ellos regularmente sobre cómo va el proceso.

Si alguien en tu vida ya ha renunciado al control y ha experimentado la paz que conlleva, apóyate en esa persona para que te guíe. Pide consejos, comparte tu experiencia y aprende de lo que han logrado.

La necesidad de control es natural, pero también puede complicarnos la vida. Sin embargo, si te comprometes a mejorar, puedes encaminarte hacia una vida más feliz.

6

Cómo ser perfeccionista afecta tu vida

Los perfeccionistas sienten una fuerte necesidad de ser o parecer perfectos. Sin embargo, el perfeccionismo no es lo mismo que esforzarse por ser tu mejor yo, el perfeccionismo en realidad te frena al crear un comportamiento poco saludable en tu búsqueda por lucir de cierta manera.

El perfeccionismo se presenta en dos formas: adaptativo y no adaptativo. Ambos tipos de perfeccionistas tienen altos estándares, pero cuando los perfeccionistas no adaptativos no alcanzan estos altos estándares, el resultado es más estresante.

Algunas investigaciones indican que el perfeccionismo tiene tres variantes: el perfeccionismo orientado hacia uno mismo, el perfeccionismo orientado a los demás y el perfeccionismo socialmente prescrito.

. . .

Independientemente del tipo de personalidad perfeccionista que puedas tener, el punto crucial es que te pones normas estrictas a ti mismo/a. Puedes pensar que esto es necesario para complacerte a sí mismo/a o a los demás, así como para ser percibido/a como perfecto/a por los demás. Sin embargo, hay muchas consecuencias que vienen con este tipo de pensamiento.

Disminución de la productividad

Una consecuencia del perfeccionismo es la procrastinación. Puedes pensar que debido a que los perfeccionistas necesitan que todo esté organizado y que sea de cierta manera, son triunfadores. Pero este tipo de pensamiento conduce a una disminución de la productividad. Eso, a su vez, provoca más estrés y vulnerabilidad.

Como perfeccionista, puedes ser un tipo de persona de "todo o nada". Cuando surgen fechas límite y eventos, los ves como buenos o malos. Puedes quedar tan atrapado/a en lo que sea que estés haciendo a la perfección que termines sin hacerlo. O pospones los proyectos más allá de su fecha de vencimiento porque estás muy preocupado/a porque sean perfectos.

Mayor vulnerabilidad

Como perfeccionista, te pones mucha presión; o percibes presión de aquellos en tu vida o sociedad. Todos estos compuestos pueden causar mucho estrés. En situaciones de mucho estrés, puedes ser más vulnerable a otros problemas.

· · ·

El proceso de vulnerabilidad puede presentar tendencias a la ansiedad y depresión, pensamientos suicidas, soledad, impaciencia y frustración, enojo, bloqueo de escritor, obsesión y compulsividad. También puedes ser más vulnerable al síndrome del impostor, cuando te comparas con los demás y sientes que no estás emparejado/a, especialmente en lo que respecta a la inteligencia.

Esto puede hacerte sentir muy mal y afectar seriamente tu autoestima, pues estas comparaciones poco saludables también pueden impedir que des lo mejor de ti en el trabajo, la escuela o cualquier otro ámbito de tu vida.

Ansiedad y depresión
El perfeccionismo puede desencadenar ansiedad y depresión. Debido a que el estrés y la ansiedad se acumulan cuando no cumples con los altos estándares que te has fijado, también puedes deprimirte. Algunas personas pueden considerarse "perfeccionistas emocionales", lo que significa que ocultan estos sentimientos de ansiedad y depresión.

Esto puede ser extremadamente peligroso, especialmente si tienes pensamientos suicidas o te sientes inútil. Estas emociones negativas pueden ser peligrosas. Si te sientes así, debes comunicarte con una persona de confianza o con una línea directa de salud mental para hablar sobre tus sentimientos.

Problemas de salud física

Los perfeccionistas pueden experimentar trastornos de higiene y salud. En casos severos, pueden desarrollar un trastorno alimentario como la ortorexia nerviosa, lo que significa que sienten la necesidad de mantener una dieta perfecta y rígida. Si hubo un día en que te saltaste la dieta, es posible que hayas sentido que estabas en una espiral.

Esta necesidad de un control estricto sobre tu vida puede bordear el trastorno obsesivo-compulsivo. Las tendencias perfeccionistas suelen girar en torno al control. Cuando pierdes ese control, pueden ocurrir otras condiciones de salud mental.

Relaciones tensas
Otra consecuencia del perfeccionismo son las relaciones tensas con tu familia o amigos, especialmente si pones tus altos estándares en tus seres queridos. Esto agrega estrés y presión adicionales a tus relaciones y puede hacer que fracasen.

El perfeccionismo con colegas, amigos y socios generalmente se mezcla. Por lo general, no puedes desactivar esta forma de pensar para un grupo de personas sobre otro. Cuando llevas este proceso de pensamiento a estas relaciones, estás juzgando a la otra persona tanto como te juzgas a ti mismo/a. Y eso no es saludable para ninguna relación.

No estar presente

Otra desventaja de la mentalidad perfeccionista es que los perfeccionistas a menudo no están realmente presentes en el momento. Debido a que estás preocupado/a o criticando lo que sucede a tu alrededor, estás viviendo dentro de tu cabeza. Es posible que estés preocupado/a por una decisión futura o por repetir algo que sucedió hoy. De cualquier manera, no te estás enfocando en el presente frente a ti, esa es otra limitación que conduce a la postergación y al desprecio por uno mismo.

Si bien algunos pueden decir que el perfeccionismo es un buen rasgo, hay muchas desventajas en esta forma de pensar. El primer paso para enfrentar tu perfeccionismo es reconocer que no te ayuda.

La voluntad de convertirse en una mejor persona y en una mejor pareja puede ser el activo más deseable que cualquiera puede aportar a un matrimonio. Sin embargo, empezar o esforzarse por convertirse en la pareja "perfecta" no es posible ni deseable, de hecho, los fuertes rasgos perfeccionistas generalmente impiden la formación de relaciones saludables.

En lugar de experimentar una gama completa y saludable de emociones, un perfeccionista a menudo vacila entre dos emociones primarias: temor y alivio. El patrón de la montaña rusa de temor y alivio se repite sin cesar en la vida de un perfeccionista no recuperado, y los cónyuges y los hijos suelen ser los pasajeros infelices de este viaje no tan emocionante.

De hecho, los perfeccionistas pasan la mayor parte de su tiempo temiendo el próximo fracaso potencial, y los éxitos se encuentran con un sentimiento de alivio temporal, en lugar de un sentimiento de satisfacción por haber hecho algo bien. La autoestima no se construye a partir de sentimientos de alivio o el alivio temporal de haber tenido éxito en algo.

Al carecer de una fuente profunda y consistente de autoestima, los fracasos golpean especialmente fuerte a los perfeccionistas y pueden conducir a largos episodios de depresión y retraimiento en algunas personas. Además, los individuos perfeccionistas suelen ser hipersensibles al rechazo percibido o a la posible evidencia de fracaso, y existe una rigidez fundamental en la postura implacable de prepararse para el fracaso.

Desafortunadamente, cuando una persona está atrapada en la esclavitud del afán perfeccionista, es probable que esa persona esté menos interesada en desarrollar un matrimonio saludable y mutuamente satisfactorio y más interesada en perseguir el escurridizo conejo en su propia cabeza.

En este sentido, las parejas de personas perfeccionistas a menudo comentan sobre la falta de disponibilidad emocional de su pareja. Es muy difícil para un perfeccionista compartir su experiencia interna con una pareja, los perfeccionistas a menudo sienten que siempre deben ser fuertes y controlar sus emociones.

Un perfeccionista puede evitar hablar de sus miedos, insuficiencias, inseguridades y decepciones personales con los demás, incluso con aquellos con los que está más cerca. Naturalmente, esto limita mucho la intimidad emocional en el matrimonio.

Las personas perfeccionistas también pueden ser ferozmente competitivas, incluso con sus parejas.

Los sentimientos de insuficiencia pueden preparar el escenario para una comparación social descendente dentro de sus propios hogares ("al menos tengo más éxito que mi esposa"). Celebrar las victorias de un cónyuge puede ser especialmente difícil si tal éxito amenaza el sentido de una pareja perfeccionista de ser "la pareja más competente" en la relación.

El agotamiento que proviene de esforzarse por ser perfecto también puede llevar a un individuo perfeccionista a rendirse ante los obstáculos. Relacionado con esto, existen varios pacientes que se clasifican a sí mismos como perfeccionistas. Al mismo tiempo, las imágenes que han mostrado de sus entornos domésticos a veces parecen las casas de los acaparadores.

. . .

Al principio, puede parecer desconcertante que una persona que vive en la miseria pueda identificarse a sí misma como "perfeccionista". Sin embargo, si un factor impulsor en la psique de un individuo es el pensamiento: "si no puedo hacerlo perfectamente, ni siquiera quiero hacerlo", entonces las condiciones de vida de tales perfeccionistas tienen sentido.

Una relación de iguales es difícil de crear cuando uno (o ambos) en la relación (amistosa, amorosa, familiar) son perfeccionistas. Una relación de iguales es una sociedad entre dos personas que se ven de manera horizontal, al mismo nivel. No solo deben ser verdaderos iguales, sino que ambos deben estar abiertos a influirse mutuamente continuamente para llegar a ser perfectos e insustituibles el uno para el otro.

La forma de asociarse con otra persona no es llegar como la persona perfecta el uno para el otro, sino llegar a serlo con el tiempo. La clave es cómo se moldearán el uno al otro en la relación a medida que se desarrolle su vida juntos. El crecimiento mutuo hacia este fin requiere que cada socio exprese una gama completa de emociones, incluidos los sentimientos asociados con un sentido de vulnerabilidad personal.

Dar y recibir retroalimentación sobre el impacto que tenemos unos sobre otros exige una autoestima incondicional que no dependa demasiado de las evaluaciones que los demás hacen de nosotros. La autoestima que derivamos de vivir una vida consistente con nuestros valores más profundos nos da la libertad emocional para aprender y crecer sin temer la vergüenza del rechazo. La lucha por la perfección nos deja vacíos e inestables, hundiéndonos como barcos sin anclas en un océano turbulento.

El perfeccionismo se puede tratar en terapia. Algunos de los mismos tratamientos que funcionan para individuos con características de personalidad obsesivo-compulsiva tienen la misma potencia en el tratamiento del perfeccionismo. Cualquier tratamiento que funcione requiere que inicialmente toleres una ansiedad significativa y, en última instancia, te sientas en paz con la conciencia de la imperfección personal.

Cuando se ha conquistado el perfeccionismo, la autoestima saludable puede florecer, y cuando lo haces, es mucho más probable que atraigas a personas con el potencial y el deseo de trabajar para convertirse en alguien que pueda estar presente para ti (en oposición al ser humano perfecto).

7

Cómo la obsesión y compulsión afectan tu vida

El TOC afecta a casi 2,2 millones de adultos estadounidenses cada año y el Instituto Nacional de Salud Mental lo define como un trastorno común, crónico y de larga duración en el que una persona tiene pensamientos (obsesiones) y comportamientos (compulsiones) recurrentes e incontrolables que o siente la necesidad de repetir una y otra vez.

El TOC se caracteriza por tres rasgos: las obsesiones (pensamientos o impulsos no deseados), las compulsiones (comportamientos o pensamientos repetitivos utilizados para neutralizar un sentimiento negativo) y la ansiedad (inquietud o aprehensión excesiva).

El TOC es tan incapacitante y angustioso (está clasificado como una de las 10 condiciones más incapacitantes en términos de pérdida de ingresos y disminución de la calidad de vida según la Organización Mundial de la Salud), y puede agregar una tremenda tensión emocional en ambos lados de cualquier relación.

Muchos de los que tienen TOC y trastorno obsesivo-compulsivo de la personalidad (OCPD, por sus siglas en inglés) eligen no tener citas y evitar las relaciones íntimas. Hay muchas razones por las que la gente recurre a esta elección; la principal de ellas es el deseo de prevenir o disminuir su ansiedad evitando situaciones estresantes.

Las personas que padecen TOC tienen una mayor sensación de miedo y falta de seguridad, lo que puede manifestarse en la necesidad de que su pareja o cónyuge los tranquilice constantemente. En el otro lado del TOC, es posible que la pareja se encuentre diciendo incesantemente cosas como "sí, te amo", o "sí, te ves hermosa". La necesidad de validar constantemente los sentimientos o las intenciones tiene el potencial de ser agotador y sentirse inútil.

El TOC en las relaciones también existe. Debido a que las relaciones cercanas son tan emocionales, a menudo se convierten en el foco principal del TOC de una persona. En otras palabras, los pensamientos y ansiedades se centrarán en el ser querido.

Este subtipo de TOC en el que un paciente cuestiona constantemente su relación con su pareja a menudo suena como: ¿Realmente amo a mi pareja? ¿Es él/ella la persona adecuada para mí? No me gusta cómo suena su risa, ¿eso significa que deberíamos terminar?

Ya sea por la seguridad, la compatibilidad o la intimidad, las personas que padecen TOC tienen una mayor ansiedad acerca de sus relaciones.

La mayoría de las personas experimentan dudas ocasionales sobre las relaciones, pero para las personas que experimentan TOC en las relaciones, la ansiedad y la duda secuestran sus buenos momentos. Dependiendo del grado de TOC de la persona que lo padece, es posible que su aflicción se convierta en el foco principal de la relación, lo que puede generar resentimiento en la otra parte.

Los temores sobre la contaminación, los gérmenes y la limpieza son muy comunes con el TOC, lo que puede generar problemas con la cercanía física, las caricias y el afecto en general. Dicho esto, las personas con TOC son propensas a tener problemas de intimidad.

La investigación sugiere que las personas con TOC reportan niveles de problemas con el funcionamiento sexual más altos que el promedio. No es raro que los pacientes experimenten problemas para excitarse sexualmente, un deseo sexual bajo, insatisfacción con su pareja sexual, miedo a tener sexo o altos niveles de repugnancia al pensar en actividades sexuales.

· · ·

Como resultado, las parejas pueden luchar contra los sentimientos de rechazo, insuficiencia y resentimiento si no se satisfacen sus necesidades físicas y sexuales.

Dependiendo de la gravedad de su condición, las compulsiones de los pacientes con TOC a menudo pueden ser un desafío para los familiares o amigos cercanos. Necesitan permitir tiempo, espacio y energía para que alguien con TOC lleve a cabo sus rituales y pueden encontrarse profundamente involucrados en estos comportamientos.

Participar en estas compulsiones puede ser difícil, exigente, agotador y pone a prueba continuamente la paciencia. Estos seres queridos también pueden tener dificultades para asumir la responsabilidad y el cuidado de muchas tareas diarias que el paciente con TOC no puede realizar, lo que genera angustia y perturbaciones para todos.

Las personas con TOC también pueden estar muy deprimidas debido a sus miedos, pensamientos y ansiedad extremos. Estos sentimientos pueden afectar mucho a los demás, especialmente a los familiares y amigos cercanos.

La depresión en personas con TOC ocurre con mayor frecuencia después del inicio de los síntomas del TOC. Lo que esto sugiere es que la depresión puede estar relacionada con el estrés personal de vivir con TOC o problemas que se han desarrollado en el hogar o el trabajo como resultado de la enfermedad.

. . .

Las personas que padecen TOC pueden tener problemas de autoestima o sentimientos de vergüenza, vergüenza e inseguridad, lo que puede resultar en una falta de interés en estar cerca de otras personas. Esto puede dejar a amigos y familiares lidiando con sus propios sentimientos de aislamiento y tristeza.

Debido a la ansiedad y las compulsiones, una persona que sufre TOC en el lugar de trabajo puede tener problemas con aspectos como la productividad, el rendimiento y la puntualidad. Los síntomas graves pueden ocupar muchas horas del día de una persona, lo que convierte las tareas laborales normales en un desafío. Como resultado, las relaciones tensas con la gerencia y los colegas pueden ser comunes.

Muchos enfermos de TOC optan por sufrir en silencio y no revelar su condición por temor a la discriminación. De hecho, solo 1 de cada 4 personas comparte su trastorno con su empleador, ya que a muchos les preocupa que las oportunidades de promoción se vean obstaculizadas y su jefe piense que es una excusa para dejar el trabajo. Este sufrimiento en silencio puede resultar en sentimientos de aislamiento, separación y falta de interés en participar en la cultura de la oficina.

El TOC puede afectar las relaciones laborales mediante la evitación de ciertas personas o tareas porque desencadenan ansiedad o pensamientos negativos, la preocupación constante sobre cómo los compañeros de trabajo perciben a la persona y su comportamiento, sentimientos de discriminación por parte de los compañeros y resentimiento de los colegas debido a la necesidad de descansos e interrupciones del tiempo para permitir rituales o compulsiones.

A pesar de sus sentimientos de frustración y angustia, las personas que padecen TOC pueden llevar vidas felices, productivas y altamente funcionales, llenas de relaciones saludables. Cuando los cónyuges/parejas, familiares, amigos y colegas están más informados sobre el TOC, es más fácil brindar apoyo y comprensión.

Más adelante veremos algunas técnicas para las personas que padecen de este trastorno, pero si tú tienes a alguien con TOC en tu vida, aquí hay algunos consejos para manejar estas relaciones a menudo complicadas y delicadas:

- Comienza conectando con la persona que sufre de TOC, reconociendo que existe, respetando el dolor que puede causar en todos los ámbitos y poniendo en primer plano la comunicación, la educación y la compasión.
- Mantente enfocado/a en comprender la diferencia entre los síntomas conductuales del TOC y la persona en tu vida. Recuérdate continuamente esta afirmación: "sé que no eres tú, es tu TOC".
- Anima a la persona que sufre de TOC a buscar ayuda profesional, ya que es tratable con

opciones como la Terapia Cognitiva Conductual y la Exposición y Prevención Ritual. Puedes ofrecer participar en una sesión para que puedas aprender la mejor manera de apoyar su programa de tratamiento.

- Es igualmente importante que los seres queridos de quienes padecen TOC también busquen apoyo. Ya sea que se trate de un grupo de apoyo, terapia, meditación o actividades para aliviar el estrés como el ejercicio o un pasatiempo, es imperativo que el cuidar de ti se convierta en una prioridad.
- Por difícil que sea, no refuerces ni participes en las compulsiones del TOC, ya que estos patrones de comportamiento pueden obstruir la recuperación de la persona. La participación en rituales debe reducirse de manera muy gradual como parte de un plan de tratamiento acordado.
- Trata de ser paciente, no juzgar y brindar apoyo, ya que esto le permitirá a la víctima concentrar sus esfuerzos en la recuperación en lugar de lidiar con la ira y el resentimiento.

Quienes padecen TOC no necesitan sentirse paralizados por sus síntomas y pueden entablar relaciones sanas y satisfactorias. Por otro lado, es con compasión, paciencia y el tipo correcto de apoyo que las personas del otro lado de la relación pueden sentirse más en paz y capaces de enfrentar los desafíos que puedan surgir.

8

Superar la necesidad de control

Existen 2 maneras en las que puedes ver tus problemas con la necesidad de control. La primera nueva forma de ver tus problemas de control es darte cuenta de que es un mecanismo de defensa, NO un rasgo de personalidad. ¡Puedes cambiar absolutamente este estado de ser!

Dado que tu comportamiento controlador es un mecanismo de defensa, la gran pregunta que debes hacerte es: "¿Qué estoy defendiendo?" "¿De qué tengo tanto miedo que siento la necesidad de encubrirlo de esta manera?" ¿Quién da tanto miedo que necesitas defenderte? ¿Es tu pareja? ¿Tu familia?

La segunda forma nueva de ver tus problemas de control es ver el control como una droga. Este anhelo de micro-gestionar, controlar las acciones o comportamientos de tu pareja o hijos, o mantener cualquier tipo de reglas o rutinas rígidas es algo que debe observarse. Al igual que es un problema si tienes ansias de drogas, es un problema si tienes ansias de control.

Al igual que con las drogas, a menudo existen desencadenantes para controlar el comportamiento: el estrés es probablemente el desencadenante número uno. Las personas comienzan a estresarse, tienen demasiadas responsabilidades o piensan demasiado en lo que deben hacer y luego se vuelven controladores mientras intentan mantener todo en orden.

Relacionado con el estrés está esta incesante necesidad de tener todo de cierta manera. Hay algo ligado (autoestima, ego) a que las cosas sean de cierta manera porque esa es la forma en que "debería" ser sin pensar por qué tiene que ser así.

De igual manera, cuando las cosas fluctúan o cambian, ¡los dientes controladores salen! Las situaciones impredecibles dan miedo (otra vez ese miedo) y la gente controladora quiere volver a poner las cosas en orden antes de que todo se vuelva loco.

Las personas tienden no solo a programar de más, sino también a planificar todo al minuto. Debes esperar retrasos y programar "colchones" para estas cosas. Dormir hasta el último segundo y luego sentirte apurado/a por la mañana NO es manera de comenzar el día. Programar 10 cosas después de que tus hijos terminen la escuela es demasiado.

· · ·

Por otro lado, muchos de nosotros quedamos atrapados en nuestra impaciencia. Si alguna vez has visto a tu hijo intentar cerrar el cierre de su chaqueta por primera vez cuando intentas sacarlo de la casa, ¡sabes de lo que estoy hablando!

Cuando surge la frustración y las cosas no salen exactamente como las planeamos, nos enfadamos y ahí va ese comportamiento controlador.

Todos estos desencadenantes tienen que ver realmente con la ansiedad. No importa si tienes una condición diagnosticable o no. El control tiene que ver con un poco de ansiedad basada en el miedo. Tu preocupación por el futuro, estrés por el pasado, aprehensión por una próxima reunión u obligación, tu nerviosismo por que tu hija ingrese al equipo de baloncesto, los celos que sientes por tu pareja, tu angustia por qué escuela elegir para tu hijo; todos los sentimientos de inquietud, incomodidad y preocupación son ansiedad y conducen a problemas de control a medida que tratas de aliviar estos sentimientos molestos.

El amor no desencadena el control. El miedo sí. Las emociones basadas en el amor, como la apertura, la intimidad, la amabilidad, la compasión, la disposición, la facilidad y la conexión, nos hacen sentir relajados, felices y en paz. Ninguna de estas emociones dispara la necesidad de control.

. . .

Entonces, ¿cómo dejas el mundo de control basado en el miedo y pasas al mundo basado en el amor? En realidad, existen algunos métodos probados y verdaderos para pasar del control a ser un ninja tranquilo y paciente. Aquí veremos 5 herramientas para gestionar tus problemas de control:

1. Aprende a relajarte (de verdad)

Siempre he odiado cuando la gente me dice "¡solo relájate!" No hay "solo" al respecto. Aprender a relajarse es una habilidad, y como cualquier otra habilidad, necesitas practicar para ser bueno/a en ella. Pero, ¿cómo diablos practicas estar relajado? "¡Si pudiera hacerlo, no necesitaría practicarlo!"

Tengo la respuesta para ti. Es algo llamado Relajación Muscular Progresiva (PMR por sus siglas en inglés). La PMR fue desarrollada por el Dr. Edmund Jacobson en la década de 1930. Jacobson fue entrenado en Harvard por el "padre de la psicología moderna", William James. Su premisa era que la calma mental es un resultado natural de la relajación física. Y tenía razón.

La PMR se ha investigado bastante y se ha demostrado que es una herramienta muy eficaz para disminuir el estrés, la ansiedad, la depresión, el insomnio e incluso los síntomas de dolor crónico. La PMR es básicamente una técnica de relajación profunda que utiliza un sistema simple de tensar un grupo de músculos a la vez, a medida que avanzas de la cabeza a los pies.

. . .

Cuando estás en un estado de control, estás ansioso/a y esto se manifiesta con la rigidez física de tu cuerpo: los hombros subiendo poco a poco hasta las orejas, la mandíbula apretada, la lengua en el paladar; puedes comprobarlo ahora mismo apretando los músculos del estómago y exhalando con el pecho.

Esta es una de las razones por las que las personas con ansiedad terminan con dolor físico, como dolor de espalda, dolores de cabeza y problemas estomacales o digestivos. Esta es una herramienta sorprendente y altamente efectiva para cambiar tus formas de controlar.

2. Aprende a delegar o disminuir tus tareas

Si no importará dentro de cinco años, no importará ahora. Está bien contratar personas, pedir servicios de comida y no en realidad no arruinarás a tu hijo si solo hace un deporte o actividad a la vez. Lo realmente importante con delegar es que no puedes apegarte a los resultados. ¡Nadie más lo va a hacer como tú y eso está bien! Comienza con cosas pequeñas si esto es especialmente difícil para ti, ¡pero encuentra algo y haz que alguien más lo haga hoy!

3. Límites, por favor

Está bien decir "no", incluso si es algo que siempre has hecho y la gente lo espera de ti. Sé que has hecho la tarjeta de Navidad todos los años, pero tal vez no este año. O, si eliges hacerlo, ¿qué vas a quitarte del plato? Tal vez contrates más ayuda durante las vacaciones para compensar este tiempo que estás usando para las cosas adicionales que se agregaron a tu plato.

4. Suelta el "derecho"

En realidad, NO hay una manera correcta de limpiar el mostrador de la cocina. Suelta lo correcto: si alguien está dispuesto a hacer algo, deja que eso sea suficiente.

Si es a medias, trata de tener la interpretación más generosa de ellos y sus acciones. Deja que las personas encuentren su propia manera de ayudar y ser parte de la acción.

5. Disputa el pensamiento negativo con un diálogo interno realista.

Pensar cosas como: "Nunca volveré a amar si nos separamos", "nunca lo superaré si me ignora de nuevo", "¡nunca hacemos ningún cambio que se mantenga!", "hemos estado así demasiado tiempo", así es como siempre conducirás a la ansiedad y al comportamiento controlador.

¡Este tipo de catastrofismo o generalización está basado en el miedo y no es real! Este tipo de pensamiento proviene de la escasez, no de la abundancia. Viene del miedo, no del amor. Si piensas de esta manera, entonces NO te quedas en la relación porque amas mucho a tu pareja, te quedas porque tienes miedo (de estar solo/a, que su madre te odie, que los niños se vuelvan adictos, al divorcio, a cualquier fobia y pensamiento traumático).

. . .

Pregúntate: ¿Qué más podría ser verdad? Si yo fuera una persona tranquila, ¿cuál sería mi reacción?

9

Superar el perfeccionismo

Como sociedad, tendemos a jugar rápido y suelto con el término perfeccionismo. Para algunos de nosotros, es una peculiaridad irritante de la personalidad que atribuimos a las personas que son un poco demasiado tensas y obsesivas para nuestros gustos. Como el compañero de cuarto que estudia química los viernes por la noche o el cónyuge que no puede dejar de jugar con la disposición de los muebles de la sala.

Pero a veces nos describimos a nosotros mismos como perfeccionistas para señalar lo trabajadores que somos sin parecer arrogantes. Piensa en el humilde solicitante de empleo fanfarrón en una entrevista: "…supongo que tendría que decir que mi mayor debilidad es que soy un poco perfeccionista". ¡Por favor!

. . .

Lejos de ser una leve peculiaridad de la personalidad o la falsa humildad del triunfador, el verdadero perfeccionismo es infernal.

Imagina a la persona más desagradable y cruel que conozcas. Ahora imagina que su trabajo de tiempo completo es seguirte, cerca como tu sombra, criticando y juzgando constantemente todo lo que haces.

Imagina que esta persona mantiene la tentadora promesa de que todos tus miedos e inseguridades desaparecerán si haces las cosas bien. Para la persona que lucha con el perfeccionismo, la voz incesante en su cabeza es tan real como la voz de la persona al otro lado de la habitación.

El perfeccionismo no solo se siente mal. La investigación muestra consistentemente que los altos niveles de perfeccionismo están relacionados con una serie de resultados clínicos negativos, desde trastornos alimentarios y fibromialgia hasta depresión y suicidio.

Pero incluso fuera de los trastornos clínicos, el perfeccionismo puede conducir a problemas significativos en la vida diaria, afectando todo, desde nuestra productividad y desempeño laboral hasta nuestras relaciones y salud física. Ya hemos discutido algunos ejemplos de los costos del perfeccionismo:

- Procrastinación extrema

Si bien en última instancia pueden hacer mucho, las

personas que luchan contra el perfeccionismo a menudo son terriblemente ineficientes en su trabajo y sufren de una procrastinación persistente e intensa. Después de todo, nunca empezar es una buena forma de asegurarnos de no fallar.

- Costos de oportunidad

Junto con la ineficiencia de la procrastinación impulsada por el perfeccionismo, surge el problema del costo de oportunidad: todas esas horas adicionales y unidades de energía gastadas en la lucha por la perfección podrían haberse gastado en cualquier cantidad de actividades y experiencias más satisfactorias.

- Estrés crónico

El perfeccionismo impulsa a las personas a hacer más constantemente, lo que lleva a las personas que luchan con él a asumir muchos más proyectos, desafíos y factores estresantes de los que razonablemente pueden manejar. Este exceso de tareas pendientes conduce rápidamente al estrés crónico y al agotamiento.

- Insatisfacción persistente

Las personas que luchan con el perfeccionismo tienen la voz siempre presente mencionada anteriormente en su cabeza que les recuerda cuánto hay que hacer y lo mal que deberían sentirse si no lo logran.

. . .

Aparte de la culpa y la frustración que resultan de esta persistente crítica interna, el perfeccionismo de larga data hace que sea difícil disfrutar verdaderamente de las cosas de la vida y encontrar una satisfacción genuina. Es difícil disfrutar el presente cuando siempre miramos hacia adelante, hacia nuevas tareas, o hacia atrás, hacia viejos fracasos.

No hace falta decir que el perfeccionismo es mucho más serio de lo que suele presentarse. Y, sin embargo, es un problema especialmente difícil de superar, en parte porque no entendemos realmente qué causa el perfeccionismo.

El perfeccionismo no se trata de lograr la perfección. Tendemos a pensar en el perfeccionismo en términos de comportamientos y resultados: aprobar el examen, alcanzar nuestras cifras de ventas cada semana, garantizar que la cena salga bien, etc. En otras palabras, el perfeccionismo parece tratarse de hacer mejores las cosas en el mundo.

Esto tiene sentido dado que los comportamientos asociados con el perfeccionismo son visibles y fáciles de detectar: quedarse en el trabajo hasta tarde todas las noches, revisar el informe por quinta vez, dedicar media hora adicional a la elíptica, etc.

Pero el hecho de que los comportamientos sean visibles y fáciles de observar no significa que sean la historia completa. O incluso la parte más importante de la historia. La forma en que pensamos sobre el perfeccionismo está fuertemente influenciada por la forma en que se ve; pero las apariencias, como todos sabemos, pueden ser engañosas.

Lejos de ser una leve peculiaridad de la personalidad o la falsa humildad del triunfador, el verdadero perfeccionismo es infernal.

La mayoría de las personas con perfeccionismo admitirán que saben intuitivamente que, en algún nivel, sus expectativas y esfuerzos para lograr resultados perfectos son poco realistas y perjudiciales, que la verdadera perfección es imposible.

Lo que nos lleva a la paradoja central del perfeccionismo: los perfeccionistas saben que lograr la perfección y hacer las cosas a la perfección es imposible y, sin embargo, se sienten impulsados a seguir intentándolo de todos modos.

La mayor parte del perfeccionismo comienza como una respuesta infantil a algún tipo de trauma (real o percibido) y sus consecuencias emocionales: después de un divorcio difícil, un hijo único comienza a tratar de "ser perfecto" porque cree que la separación fue de alguna manera su culpa y que nunca cometer errores evitará futuras rupturas familiares y mitigará su culpa.

. . .

Debido a que el hermano mayor era el apuesto y atlético, y la hermana menor era la divertida y carismática, el hijo del medio aprende a trabajar excesivamente duro para ganar la atención y el afecto.

Como hija de un padre alcohólico violento y errático, una hermana mayor aprende obsesivamente a planificar todas las contingencias posibles cada tarde cuando regresa a casa de la escuela para protegerse a sí misma (y a sus hermanos) y sentirse segura.

En cada caso, el hábito de luchar por la perfección fue desencadenado inicialmente por una situación perturbadora y la necesidad de aliviar una emoción dolorosa. Este hábito de luchar por la perfección se fortalece porque en algún nivel funciona: por un lado, en realidad puede prevenir el daño, como en el caso del niño que obsesivamente planifica cada contingencia posible con respecto a su padre abusivo.

Pero el hábito del esfuerzo perfeccionista también puede "funcionar" en el sentido de que brinda alivio a un sentimiento doloroso. Al dedicarse a su trabajo escolar y obtener buenas calificaciones, el hijo del medio olvidado puede distraerse (temporalmente) de la tristeza que proviene de sentirse rechazado y devaluado por sus padres.

El perfeccionismo no se trata de ser perfecto, se trata de sentirse perfecto. Enjuaga y repite durante algunas décadas y tendrás un hábito fuertemente arraigado de luchar por la perfección para sentirte bien (o al menos, menos mal).

Cada vez que surge una emoción dolorosa, el cerebro recuerda que el esfuerzo perfeccionista conduce a algún alivio emocional en el pasado, y así nos "empuja" hacia esa opción en el presente. Y cada vez que seguimos adelante con este empujón, fortalecemos la conexión entre la emoción dolorosa y el esfuerzo perfeccionista, lo que hace que ese impulso inicial sea cada vez más fuerte a medida que pasa el tiempo. Así es como se forman los círculos viciosos.

Los perfeccionistas no se involucran en comportamientos perfeccionistas porque están bajo la ilusión de que realmente lograrán la perfección; lo hacen porque proporciona un alivio temporal de un sentimiento doloroso. Lo que causa el perfeccionismo no es el deseo de ser perfecto, es el deseo de sentirse perfecto.

Aprender la verdadera motivación para el perfeccionismo, el alivio emocional, es esencial para desaprenderlo, ya que solo una vez que comprendemos lo que realmente necesitamos, podemos abordar esa necesidad de una manera más productiva y menos angustiosa.

El primer nivel de reducción del perfeccionismo implica identificar nuestros desencadenantes emocionales para el comportamiento perfeccionista y sustituir estrategias de afrontamiento alternativas con menos desventajas.

Comienza usando tu perfeccionismo como una señal para la conciencia emocional

Cuando empieces a notar que estás participando en tu comportamiento perfeccionista habitual (como volver a revisar tu trabajo por quinta vez), utilízalo como un recordatorio para controlarte emocionalmente. Pregúntate:

- ¿Qué emociones estoy sintiendo en este momento?
- ¿Qué tan fuertes son?
- ¿Qué pasó para desencadenar esas emociones?
- ¿En qué estaba pensando antes de los comportamientos perfeccionistas?

Desarrolla una colección de estrategias de afrontamiento alternativas

Utiliza la información que reuniste con las preguntas anteriores para generar un "libro de jugadas", estrategias alternativas basadas en las emociones que tienden a desencadenar el perfeccionismo en ti.

Por ejemplo, si la soledad es tu detonante, puedes llamar a un amigo que siempre atiende y es fácil hablar con él. O envía un mensaje de texto tonto al azar a un hermano, o lleva al perro al parque para perros, o cualquier actividad que tienda a ayudarte a sentirte más conectado/a con las personas.

. . .

El punto es tener una colección de estrategias listas con anticipación para que cuando la emoción golpee, tengas varias alternativas al perfeccionismo listas a la mano y te sean fáciles de implementar.

Practica y experimenta

Date cuenta de que tomará algún tiempo y repetición romper el hábito de ir directamente a tus comportamientos perfeccionistas. Y te vas a sentir incómodo/a y como un desconocido. Así es como siempre se siente el nuevo aprendizaje y el crecimiento.

Al mismo tiempo, recuerda tener una mentalidad experimental: si la estrategia de afrontamiento 'A' no parece estar funcionando para ti, eso no significa que todo el proyecto sea un fracaso, solo que es posible que debas experimentar con una estrategia ligeramente diferente.

El primer nivel de reducción del perfeccionismo es un buen lugar para comenzar: identificar los desencadenantes emocionales del comportamiento perfeccionista y sustituirlos por comportamientos nuevos y menos destructivos que satisfagan la misma necesidad emocional que el perfeccionismo.

Pero aquí está el secreto para intensificar tu juego y realmente superar el perfeccionismo para siempre: darte cuenta de que no tienes que hacer nada en respuesta a tus emociones. Puedes ser consciente de tus emociones dolorosas y sentirlas realmente sin hacer nada para tratar de reducirlas o hacer que desaparezcan, incluidos los comportamientos perfeccionistas o cualquier otra estrategia de afrontamiento.

. . .

Esta es, por cierto, la esencia de la atención plena: ser consciente sin pensar ni hacer nada. Solo observar. Pero, ¿por qué dejarías que tus emociones dolorosas sucedieran sin tratar de reducirlas? No eres masoquista, lo entiendo. Sentarse y tolerar emociones incómodas se siente tonto, por no mencionar doloroso.

Desde una edad temprana, se nos enseña a ser reparadores y solucionadores de problemas, tomando medidas rápidamente para hacer las cosas bien. El problema es que las emociones no son un problema. Incluso las realmente dolorosas. Y hay consecuencias por tratarlas como si lo fueran.

Ninguna cantidad de ira, tristeza, arrepentimiento o cualquier otra emoción puede lastimarnos porque las emociones en sí mismas no son realmente peligrosas... pero se sienten peligrosas y parece que van a durar para siempre. A menos que hagamos algo al respecto, eso es. Es por eso que la mayoría de nosotros tenemos el hábito de tratar instantáneamente de arreglar o distraernos de las emociones incómodas o dolorosas.

Pero este hábito de tratar de hacer que nuestros sentimientos desaparezcan de inmediato (a través de comportamientos perfeccionistas, por ejemplo), tiene una desventaja significativa: nunca podemos ver de primera mano qué sucede con las emociones cuando nos dejamos sentirlas.

. . .

Y en este punto, seguro te preguntas qué pasa después. Resulta que... no mucho. Una vez más, esta es toda la idea detrás de la atención plena. Simplemente observando nuestras emociones sin tratar de "arreglarlas" o huir de ellas, aprendemos por experiencia que está en su naturaleza ser efímeras, ir y venir rápidamente.

Pero si siempre tomamos medidas para reducir nuestras emociones o distraernos de ellas, nunca tendremos la oportunidad de aprender eso por nosotros mismos. El hábito de hacer siempre algo en respuesta a emociones incómodas es en sí mismo el problema: huir refuerza la creencia de que nuestras emociones son peligrosas, lo que nos hace aún más propensos a huir de ellas (y hacia un mecanismo de afrontamiento como el perfeccionismo).

Cuando estamos dispuestos a enfrentar nuestras emociones incómodas y sentarnos con ellas, nos damos la oportunidad de aprender de primera mano cómo son realmente las emociones, a veces intensas, pero siempre fugaces.

Este conocimiento nos da la libertad y la confianza para aceptar y sobrellevar nuestras emociones en lugar de tratar compulsivamente de hacerlas desaparecer. Aun así, el saber esto no significa que inmediatamente superarás tu problema de perfeccionismo y todo se arreglará en la vida.

No es conocimiento teórico del que estamos hablando aquí, es conocimiento de experiencia. El dueño de una tienda de mascotas puede citar hechos y estadísticas durante todo el día sobre cómo las tarántulas no son peligrosas, pero hasta que practiques sostener una en tu mano una y otra vez, seguirás teniendo miedo.

Del mismo modo, puedes comprender en la teoría que las emociones dolorosas no son peligrosas ni particularmente duraderas por sí solas. Pero realmente no creerás eso ni actuarás en consecuencia hasta que lo aprendas por experiencia propia.

El secreto para superar el perfeccionismo es practicar la tolerancia con nuestras emociones. Especialmente las que están fuertemente asociadas con comportamientos perfeccionistas. Es así que superar el perfeccionismo requiere dos habilidades básicas (pero difíciles):

La primera es la conciencia emocional. Antes de que puedas comenzar a "trabajar en" tu perfeccionismo, es esencial estar consciente de las señales emocionales o desencadenantes de tus comportamientos perfeccionistas. Recomiendo comenzar a llevar un diario pequeño o un archivo de notas simples en tu teléfono.

Cada vez que sientas la atracción hacia el perfeccionismo, tómate unos minutos para reflexionar y responderte a ti mismo/a preguntas como: ¿qué sucedió? ¿Qué emoción(es) sentí? ¿Qué es lo que detonó este comportamiento? Haz este ejercicio el tiempo suficiente y comenzará a ser dolorosamente obvio cuáles son tus desencadenantes emocionales para el perfeccionismo.

La habilidad siguiente a desarrollar es la tolerancia emocional. Una vez que mejores en notar cuándo está presente una emoción que desencadena el perfeccionismo (o si te vuelves realmente bueno/a, en identificar con anticipación que un determinado evento o situación puede desencadenar tal emoción), el siguiente paso es practicar permanecer y sentir la emoción en lugar de huir de ella, "arreglarla" o tratar de distraerte de otra manera.

La idea es desarrollar una tolerancia a la incomodidad de la emoción negativa.

Al igual que un atleta a través del entrenamiento aprende que puede soportar más incomodidad física de la que pensaba para tener un buen desempeño, es importante aprender que podemos soportar la incomodidad emocional para tomar medidas basadas en nuestros valores y en lo que es realmente importante para nosotros, más allá de construir nuestra vida alrededor de evitar el dolor y la incomodidad.

Como una forma concreta de practicar esto, prueba el ejercicio de 2 minutos: una vez que hayas identificado una emoción que desencadena el perfeccionismo, saca tu teléfono, configura el temporizador en 2 minutos y repítete a ti mismo/a que, durante al menos estos dos minutos, tú vas a sentarte con tu emoción y vas a sentirla.

. . .

Luego, después de dos minutos, puedes decidir seguir adelante con el comportamiento perfeccionista de todos modos o elegir hacer otra cosa. Después de un tiempo, intenta aumentar el tiempo hasta 4 minutos, luego 7. Para cuando llegues a los 10 minutos, es casi seguro que habrás ganado suficiente experiencia para ver que lo horrible de sentarte con la emoción no fue lo que imaginabas en un principio.

Finalmente, construir una práctica de atención plena es una excelente manera de practicar tanto la conciencia emocional como la tolerancia emocional. Dedicaremos todo un capítulo a esta práctica más adelante.

Debes saber que la mayoría de los consejos que existen para superar el perfeccionismo fracasan porque provienen de un malentendido fundamental de lo que causa el perfeccionismo.

Los consejos para "bajar tus estándares", "programar tiempo para ser perezoso/a" o, lo mejor de todo, "simplemente relajarse" se basan en la suposición errónea de que la dificultad con el perfeccionismo está en el resultado, en tratar de ser perfecto.

Pero el verdadero problema con el perfeccionismo está en cómo respondemos al sentimiento que lo precede, se trata de tratar de sentirnos perfectos. Cuando entendemos esta diferencia fundamental, podemos dirigir con más éxito nuestros esfuerzos para cambiar, trabajando para volvernos más conscientes y tolerantes con nuestras emociones. Y si podemos hacer esto, aceptar nuestras emociones en lugar de huir de ellas, podemos eliminar la necesidad de perfeccionismo en primer lugar.

10

Superar los pensamientos obsesivos compulsivos

Si tienes un trastorno obsesivo-compulsivo (TOC), es posible que te encuentres tratando de descubrir cómo puedes dejar de tener pensamientos de TOC. No estás solo/a. Sin embargo, muchas personas con TOC no se dan cuenta de que los pensamientos angustiosos que experimentan no son necesariamente algo sobre lo que tengan (o puedan tener) control.

Si bien este hecho puede hacer que te sientas estresado/a inicialmente, entender cómo funciona tu pensamiento del TOC y por qué sucede te ayudará a desarrollar formas más efectivas de sobrellevarlo.

Un estudio de 2014 publicado en el *Journal of Obsessive Compulsive and Related Disorders* entrevistó a 777 estudiantes universitarios en 13 países diferentes y descubrió que alrededor del 94% de ellos había experimentado al menos un pensamiento intrusivo no deseado durante los tres meses anteriores.

Si bien muchos experimentan estos pensamientos extraños o incluso pensamientos perturbadores, la mayoría de las personas no los registran como un problema en su vida diaria. El problema es cuando se vuelven no solo intrusivos sino obsesivos.

Una persona con TOC puede experimentar pensamientos intrusivos sin descanso y con una intensidad que puede afectar seriamente su bienestar. En lugar de tener una respuesta neutral a un pensamiento pasajero, una persona con TOC experimenta una respuesta en su mente y cuerpo. Cuanto más perseveran en el pensamiento, más ansiedad experimentan. El ciclo puede ser angustioso y puede afectar su capacidad para funcionar.

Es posible que no puedas controlar si un pensamiento intrusivo aparece en tu cabeza, pero puedes controlar cómo reaccionas ante él. Si tienes TOC y luchas con pensamientos intrusivos, aquí hay información clave sobre por qué ocurren estos pensamientos y cómo puedes aprender a lidiar con ellos.

Las personas con TOC pueden creer que el simple hecho de pensar en algo perturbador (como molestar a un vecino o matar a su cónyuge) es moralmente equivalente a llevar a cabo el acto. Incluso pueden creer que si tienen un pensamiento (como tener un accidente automovilístico o contraer una enfermedad grave), significa que el evento sucederá, a menos que hagan algo para evitarlo.

Esto se denomina fusión pensamiento-acción, y es una de las razones por las que los pensamientos intrusivos son más angustiosos para las personas con TOC. En lugar de dejar que sus pensamientos vayan y vengan, las personas con TOC a menudo asumen la responsabilidad personal de los pensamientos que tienen. También tienden a interpretar estos pensamientos como más significativos de lo que realmente son.

Percibir los pensamientos como urgentes e importantes hace que una persona sienta que debe actuar inmediatamente o responder a ellos de la manera "correcta". Una persona con TOC puede desarrollar compulsiones en respuesta a sus pensamientos obsesivos.

Las compulsiones conductuales son acciones y comportamientos que se utilizan en un intento de aliviar la angustia que causan los pensamientos intrusivos. Las compulsiones pueden ser un poco como supersticiones para las personas con TOC. A menudo, la persona reconoce que los comportamientos no son racionales (esto se conoce como perspicacia), pero el temor de lo que cree que sucederá si no los lleva a cabo es apremiante.

. . .

Completar un ritual alivia temporalmente la ansiedad, pero mantiene a la persona atrapada en el ciclo porque refuerza el pensamiento obsesivo. Por ejemplo, una persona que se obsesiona con que su casa se incendie mientras está en el trabajo puede verificar compulsivamente que la estufa esté apagada antes de salir de casa todos los días. Cuando regresan a casa al final del día y su casa no se ha incendiado, refuerza la creencia de que su ritual (por ejemplo, verificar un cierto número de veces o verificar en un orden específico) "funcionó".

Las compulsiones también pueden ser mentales. Por ejemplo, una persona puede creer que si no "reflexiona" o analiza suficientemente un pensamiento, éste se convertirá en realidad. Pensar constantemente en un pensamiento "malo" también puede ser un intento de neutralizarlo o "equilibrarlo".

Prestar atención y energía mental repetidamente a un pensamiento intrusivo puede sentirse inicialmente como una resolución productiva de problemas. En realidad, el patrón obsesivo de pensamiento generalmente no le da a alguien con TOC ninguna idea útil. De hecho, es más probable que empeore la ansiedad de una persona. La perseverancia también mantiene en marcha el ciclo de pensamientos intrusivos y conductas compulsivas.

Si una persona con TOC cree que sus pensamientos intrusivos son peligrosos, puede tratar de monitorearlos de cerca. Puede parecer una vigilancia necesaria, pero la intensidad con la que alguien controla su propio pensamiento puede convertirse fácilmente en hipervigilancia.

• • •

Una vez que una persona etiqueta un determinado pensamiento como peligroso y se vuelve hiperconsciente de él, puede sentirse abrumada. Cuando esto sucede, es posible que respondan tratando de alejar el pensamiento. Si bien puede parecer una buena solución, no es fácil y no necesariamente funciona. Las investigaciones han demostrado que la supresión de pensamientos en personas con TOC puede conducir al desarrollo de pensamientos más intrusivos.

Aceptar los pensamientos no significa que te rindas. Comprender que no tienes el control no significa que le estés dando control a los pensamientos intrusivos. Puedes ser consciente de un pensamiento intrusivo sin intentar detenerlo.

Puedes comenzar tratando de reconocer que el pensamiento está tratando de controlarte (por ejemplo, haciéndote sentir la necesidad de realizar una compulsión) y desafiarlo conscientemente. El primer paso que tomes podría ser simplemente hacer una pausa cuando surja el pensamiento en lugar de responder de inmediato a tu demanda urgente.

Puede ser incómodo considerar el pensamiento desde la distancia y resistir la tentación de realizar un ritual. Con el tiempo, desactivar tus pensamientos obsesivos de esta manera puede ayudarte a sentirte más en control.

• • •

Una vez que puedas poner un poco de espacio entre tú y tus pensamientos, puedes comenzar a verlos de manera más objetiva. Luego, puedes descubrir qué desencadena los pensamientos y observar más de cerca (pero sin juzgar) cómo reaccionas.

Trata de no ser demasiado duro/a contigo mismo/a ni desanimarte durante este proceso, se necesita práctica para distanciarte de tus pensamientos. El pensamiento obsesivo es intenso y persistente por naturaleza. A veces, instruirte a ti mismo/a para no pensar en un pensamiento solo atrae más atención.

Incluso si no experimentas la fusión de pensamiento y acción, es probable que tengas que lidiar con pensamientos obsesivos a diario si tienes TOC. Es posible que a veces te sientas tan abrumado/a que darías cualquier cosa por detener el ciclo.

Aunque es más fácil decirlo que creerlo, los pensamientos son solo cadenas de palabras y no son inherentemente peligrosos. No tienes la obligación de tomar en serio un pensamiento solo porque tu cerebro lo generó.

Los pensamientos intrusivos que experimentas no son necesariamente un reflejo de quién eres, pero cuando se vuelven obsesivos, puedes verte influenciado/a por las cosas que te causan más preocupación y ansiedad.

. . .

Además, tus pensamientos no necesariamente dicen nada sobre ti. Tener un pensamiento "malo" no significa que seas una "mala" persona. Trata de recordar que los pensamientos intrusivos no siempre se alinean con tus valores, creencias y moral fundamentales.

De hecho, los pensamientos del TOC tienden a atacar y enfocarse en las cosas que te ofenden. Lo mismo puede ocurrir con los pensamientos intrusivos que provocan miedo, que tienden a basarse en lo que más te preocupa (por ejemplo, la salud y la seguridad de tu familia).

Las personas con TOC pueden sentir una cantidad abrumadora de miedo y culpa por los pensamientos intrusivos que experimentan. También pueden experimentar una profunda vergüenza, humillación e incluso odio hacia sí mismos.

Trata de ser amable y paciente contigo mismo/a. Recuerda que todo el mundo experimenta pensamientos intrusivos a veces, y no es algo que se espera que tengas bajo control. Es una buena práctica reconocer el pensamiento o sentimiento intrusivo que estás teniendo, pero eso no significa que tengas que identificarte con él. Una vez que aceptes que no puedes controlar por completo tus pensamientos, puedes comenzar a desarrollar el hábito de reconocerlos sin dejar que tomen el control.

Las personas con TOC también pueden experimentar depresión, ansiedad, trastornos por consumo de sustancias y otras afecciones de salud mental. Si tus pensamientos de TOC te dificultan funcionar en el hogar, la escuela o el trabajo, y sientes que no puedes hacerles frente, habla con un médico o un profesional de la salud mental.

Si bien puede ser difícil pedir ayuda, existen tratamientos para el TOC que podrían ayudarte a sentirte mejor. Muchas personas con TOC toman uno o más medicamentos para ayudarlos a controlar los síntomas; pueden tomar antidepresivos, ansiolíticos u otros medicamentos comúnmente recetados para afecciones de salud mental.

Algunas personas con TOC también usan suplementos herbales o naturales para ayudar a controlar sus síntomas.

Sin embargo, no siempre es seguro tomar estos productos con medicamentos recetados. Si deseas probar un remedio alternativo, consulta a un médico.

Se pueden usar varios tipos de psicoterapia para ayudar a alguien con TOC a controlar los pensamientos obsesivos. La más común es la terapia cognitiva conductual (TCC), específicamente un enfoque conocido como terapia de exposición.

Las personas con TOC a menudo son tratadas con un enfoque llamado terapia de prevención de exposición y respuesta (ERP). En terapia ERP, tú y un terapeuta trabajarán directamente con tus pensamientos obsesivos, así como con cualquier compulsión asociada.

Utilizarás técnicas como dramatización de situaciones que te causan angustia y hablarás sobre tu proceso de pensamiento con tu terapeuta. Puede parecer abrumador o aterrador pensar en confrontar tus pensamientos, pero ten en cuenta que el trabajo de exposición se realiza de manera lenta, gradual y con mucho apoyo.

Si tienes TOC, las técnicas de atención plena pueden ayudarte también a desarrollar una perspectiva más objetiva de tus pensamientos obsesivos. Es posible que los ejercicios de atención plena ya formen parte de tu terapia, pero también puedes probarlos por tu cuenta. Incluso hay aplicaciones que puedes usar para seguir tu progreso.

Muchas personas con TOC finalmente necesitan más de un tipo de tratamiento para controlar sus síntomas de manera efectiva. Un médico o terapeuta puede ayudarte a encontrar la combinación que funcione mejor para ti.

11

La atención plena puede ayudar

Sin duda has oído hablar de la atención plena: ¡se habla de ella en todas partes! Bueno, ¡hay una buena razón para eso! La atención plena puede ser útil para todos, además de ser una herramienta poderosa para tratar muchas afecciones de salud física y mental, ¡incluido el TOC!

A pesar de escuchar mucho el término atención plena, es posible que te preguntes qué significa realmente más allá de un sentido literal. La atención plena se trata de estar conectado a tierra y presente en el momento, en lugar de preocuparse por el pasado o el futuro. Es la capacidad humana básica de estar completamente presentes, conscientes de dónde estamos y lo que estamos haciendo, y no demasiado reactivos o abrumados por lo que sucede a nuestro alrededor.

Esencialmente, cuando practicamos la atención plena, involucramos todos nuestros sentidos y notamos lo que está sucediendo dentro de nosotros y a nuestro alrededor en ese momento. No nos preocupamos ni asociamos emociones a lo que está sucediendo, simplemente lo notamos y lo aceptamos. La práctica de la atención plena promueve una sensación de profunda relajación y calma.

Estar presente y consciente es algo que ya tenemos dentro de nosotros, pero debemos aprender a aprovecharlo. Es una habilidad, y una vez que la hayas aprendido, puedes incorporarla a tu vida diaria. Las investigaciones han demostrado que una vez que comienzas a ser consciente, con el tiempo la estructura de tu cerebro cambia en consecuencia, lo que hace que la atención plena sea un hábito positivo y de fácil acceso.

Hay diversos beneficios de la atención plena para todos, ya sea que tengas una condición de salud o no, por eso tanta gente lo practica. Se ha demostrado que la atención plena reduce los niveles de estrés y mejora la sensación de calma y relajación.

Dado que el estrés a largo plazo puede ser perjudicial para la salud física y mental, esto puede ser extremadamente beneficioso.

La reducción del estrés y la mejora de la relajación significan que la atención plena puede mejorar la calidad del sueño, permitiéndote sentirte renovado/a y con más energía durante el día. Además, puede ayudar a abordar las condiciones de salud física: la atención plena puede tratar enfermedades cardíacas, disminuir la presión arterial, reducir el dolor crónico, mejorar el sueño y aliviar las dificultades gastrointestinales.

Se ha demostrado que la atención plena mejora la salud mental en general, además de ser muy útil en el tratamiento de una variedad de enfermedades mentales. La práctica de la atención plena le permite a un individuo mejorar y aumentar su capacidad de atención, lo que le permite estar más concentrado y ser más productivo.

Estar presente en el momento te permite aprender cosas nuevas sin que los recuerdos del pasado nublen los nuevos recuerdos y habilidades. Esto te permite ser mucho más eficaz a la hora de adquirir nuevas habilidades y almacenar nuevos recuerdos.

Muchos estudios han demostrado que la memoria a corto plazo mejora a través de la atención plena. Un científico llamado Jonathan Greenberg descubrió que el cerebro cambia físicamente con estas mejoras. Él explica que los cambios en el cerebro se correlacionan con los cambios reales en el rendimiento cognitivo, de modo que cuanto más mejora tu cognición, más cambia tu hipocampo.

La investigación muestra que practicar la atención plena permite obtener un mayor control sobre tus emociones y regularlas de manera más efectiva, incluso durante eventos estresantes o angustiosos. Un estudio concluyó que el entrenamiento de la atención plena no solo benefició la regulación de las emociones, sino que también redujo las interferencias emocionales sobre las funciones cognitivas.

Se ha demostrado que la atención plena aumenta la confianza y el sentido de uno mismo, así como también aumenta la confianza en uno mismo. La atención plena aquieta los pensamientos negativos y, por lo tanto, ayuda, "al eliminar nuestras barreras a la confianza".

Ahora que sabemos cuán útil puede ser la atención plena en general, concentrémonos en cómo la atención plena puede ayudar a tratar específicamente el TOC: la experiencia de vivir con TOC en sí misma provoca altos niveles de estrés prolongado; si bien el estrés a corto plazo es una respuesta útil para protegernos, cuando esta respuesta se prolonga, puede ser perjudicial tanto para nuestra salud física como mental.

Los altos niveles de estrés perpetúan el ciclo del TOC y aumentan la ansiedad. El estrés es un desencadenante significativo para alguien con TOC, lo que significa que un evento estresante puede empeorar tus obsesiones y compulsiones. Las personas con TOC a menudo informan que experimentan un aumento en la cantidad o la gravedad de los factores estresantes justo antes de que sus síntomas empeoren.

. . .

Entonces podemos ver cuán vital es tratar de reducir el estrés para disminuir los síntomas del TOC. Como ya hemos mencionado, la atención plena ha demostrado resultados en la reducción del estrés y, por lo tanto, ayuda activamente a romper el ciclo del TOC.

La amígdala es una parte del cerebro que ayuda a controlar la respuesta al estrés y 'activarla' en respuesta a amenazas externas. Se ha investigado que la atención plena reduce la actividad dentro de la amígdala, lo que significa que "se reduce el nivel de estrés de fondo".

Se ha demostrado que la práctica de la atención plena reduce la presión arterial y la frecuencia respiratoria, y reduce activamente el cortisol. El cortisol es conocido como la hormona del estrés porque ayuda al cuerpo y la mente a responder al estrés y entrar en ese estado de 'lucha o huida'. Al reducir el cortisol, se reduce la respuesta al estrés.

La atención plena reemplaza el estrés con una mentalidad relajada dentro de la cual la tensión desaparece. Esto inhibe la respuesta al estrés y te permite pensar con más claridad. Practicar la atención plena también te brinda la capacidad de ver el estrés de manera diferente: en lugar de reaccionar ante él, puedes aceptarlo y liberarlo.

Por naturaleza, vivir con TOC implica estar regularmente en un estado de alta ansiedad. Las obsesiones son pensamientos intrusivos a los que una persona con TOC concede gran importancia. Estas obsesiones causan mucha angustia y ansiedad, ante las que se llevan a cabo compulsiones para tratar de reducir la ansiedad y las emociones negativas en torno a las obsesiones.

Sin embargo, aunque las compulsiones pueden aliviar la ansiedad al principio, volverán (y suelen ser mucho más fuertes). Esto lleva a que el individuo sienta la necesidad de realizar cada vez más compulsiones para intentar aliviar su ansiedad. Puedes ver cómo la ansiedad es fundamental en el ciclo del TOC.

Por lo tanto, reducir la ansiedad puede ayudar activamente a reducir los síntomas del TOC. La atención plena es una forma muy eficaz de hacer esto. Así como el estado relajado que se obtiene a través de la atención plena puede aliviar el estrés, también puede aliviar la ansiedad. Al estar presentes en el momento, evitamos que nuestra mente divague y rumie sobre el pasado o se preocupe por el futuro, lo que reduce directamente la ansiedad.

Mencionamos que uno de los beneficios de la atención plena es mejorar el control emocional. La regulación emocional mejorada brinda a las personas con TOC la capacidad de controlar mejor las emociones negativas, lo que brinda más control sobre los síntomas del TOC. Esto te permite calmar las emociones intensas que tan a menudo acompañan a los síntomas del TOC y, en cambio, reemplazarlas con una sensación de calma y, con el tiempo, incluso de positividad.

Además, cuando tienes tantas cosas en mente y los niveles de estrés son altos, puede ser realmente difícil tener un sueño reparador. A menudo, si alguien con TOC se despierta durante la noche, es posible que tenga una obsesión. Entonces necesitarán levantarse y llevar a cabo compulsiones para 'lidiar' con su obsesión. Por supuesto, esta actividad te despierta por completo, aumenta la ansiedad y puede hacer que sea muy difícil volver a dormir.

Dado que la atención plena puede reducir el estrés y la ansiedad, puede ayudar a las personas con TOC a quedarse dormidas más fácilmente. Las prácticas de atención plena se pueden incluso hacer en la cama para promover la relajación completa antes de dormir. Si te despiertas durante la noche y descubres que tu TOC se activa, puedes usar la atención plena para ayudarte a sobrellevar esa ansiedad y, en cambio, volver a dormirte. La atención plena incluso ayuda a mejorar la calidad de su sueño, lo que te permite sentirte más fresco/a por la mañana.

Durante la práctica de la atención plena, si tus pensamientos se desvían hacia preocupaciones sobre el pasado o el presente, aprenderás a redirigirlos y traerte de vuelta al presente. Esto permite a las personas con TOC redirigir sus pensamientos lejos de la ansiedad y las obsesiones; también proporciona una sensación de alivio y distracción del ciclo del TOC que de otro modo lo abarcaría todo.

・ ・ ・

Hemos mencionado que la atención plena se enfoca en aceptar lo que está sucediendo en el presente sin atribuirle emociones: esto incluye pensamientos. Durante la atención plena, alguien con TOC aprenderá que cuando un pensamiento intruso entra en su mente, puede aceptar el pensamiento y comprender que está ahí, pero no asociarle ninguna emoción o acción.

Entonces pueden aprender a dejar ir el pensamiento.

Cuando aparece un pensamiento intrusivo, lo dejas existir en tu mente sin darle ningún peso.
    Lo ideal es que experimentes el pensamiento, pero no lo juzgues, lo cambies o trates de hacer que desaparezca. Esto requiere tiempo y práctica, pero es una habilidad valiosa y poderosa para abordar el TOC.

Esta habilidad puede empoderar a las personas con TOC para que reconozcan y experimenten sus pensamientos intrusivos, sin responder compulsivamente. En lugar de volverte automáticamente compulsivo/a tan pronto como una obsesión entra en tu cabeza, puedes detenerte y calmar tu ansiedad. En lugar de solo responder a un pensamiento o emoción y participar automáticamente en un ritual, puedes notar lo que está sucediendo.

・ ・ ・

Las personas con TOC tienen una gran cantidad de miedo y ansiedad en torno a lo desconocido. La idea de no tener el control o no saber con certeza que nada malo va a pasar puede ser muy difícil de sobrellevar y puede activar obsesiones y compulsiones.

En lugar de entrar en pánico ante la idea de lo desconocido, a través de la atención plena puedes aprender a permanecer anclado/a en el presente y liberarte de la necesidad de saber qué sucederá en el futuro. Puedes 'abrazar' el sentimiento de ansiedad o miedo, permitir que ocurra, sin entrar en pánico al respecto.

Cuando vives con TOC, tus obsesiones tienden a hacerte sentir increíblemente mal contigo mismo/a. Es común sentir que eres una persona terrible, especialmente si los temas de tus obsesiones son lastimar a otros o hacer algo terrible.

Aunque las obsesiones no reflejan tus verdaderos pensamientos o personalidad, pueden hacerte sentir avergonzado/a y sentir que realmente eres una persona horrible, llevándote a ser muy duro/a contigo mismo/a y a una reducción de tu confianza.

La atención plena puede ayudarte a aprender a amarte a ti mismo/a de nuevo. Dado que la atención plena se centra en no juzgar, puedes aprender a ser más compasivo/a contigo mismo/a, esto a menudo se conoce como 'bondad amorosa'.

· · ·

Ser crítico/a contigo mismo/a, tus síntomas de TOC, causa sufrimiento. Si te aceptas a ti mismo/a y a tus síntomas del TOC, significa que sufres menos angustia.

La atención plena puede venir en muchas formas, lo cual es fantástico porque significa que encuentras algo que funciona para ti. Repasaremos los conceptos básicos de algunas de las formas más exitosas de atención plena en el tratamiento del TOC.

Meditación

La meditación es una de las formas más conocidas de atención plena. Esto implica sentarte en un lugar tranquilo donde no te molesten. No tienes que sentarte en la posición estereotipada con las piernas cruzadas (aunque puedes hacerlo si te resulta cómodo), puedes sentarte en cualquier posición que te resulte cómoda, o incluso tumbarte si lo prefieres.

Cerrarás los ojos, o los relajarás para que tus ojos no se centren en nada en particular.

Si estás realizando una meditación en solitario, a partir de ahí te relajarás por completo. Te concentrarás en el momento, permitiendo que los pensamientos vayan y vengan y floten más allá de ti. Si tu mente se desvía del presente, volverás a centrar tu atención en el aquí y el ahora.

. . .

Si estás realizando una meditación guiada, serás guiado/a paso a paso para alcanzar un estado meditativo y relajado. Se te pedirá que involucres tus sentidos y te concentres en el momento. Si encuentras pensamientos que pasan por tu mente, está completamente bien, dejarás que te pasen. Si tu mente divaga hacia las preocupaciones, el pasado o el futuro, se te pedirá que vuelvas a concentrarte en el presente.

Algunas meditaciones te pedirán que imagines cosas específicas, que dirijas tu atención a algo específico o que te concentres en tu respiración. Las meditaciones pueden variar en duración, tema y, a veces, propósito, aunque el objetivo general siempre es alcanzar un estado de relajación y atención plena.

Visualización

La visualización suele ser guiada: escucharás que se refieren a ella como imágenes guiadas o visualización guiada. Esto implica estar en un estado meditativo y tener un guía a través de la imaginación de escenas específicas.

Utilizarás todos tus sentidos para imaginar la escena de la forma más vívida posible.

Esta visualización se puede enfocar principalmente en la relajación, o se puede usar con objetivos específicos en mente. Para el TOC, estos objetivos pueden ser abordar los miedos, imaginar estar libre de síntomas de TOC, prepararse para una situación desencadenante, imaginar la ansiedad flotando, o para visualizarte recuperando tu poder.

La visualización en sí misma es una herramienta poderosa y se ha demostrado que es útil en el tratamiento de condiciones de salud física y para mejorar el rendimiento deportivo; así como para tratar enfermedades mentales. También puede ser útil para interrumpir los patrones de repetición mental y puede ayudarte a crear recursos en tu vida que aumenten tu resistencia al estrés al participar en una espiral ascendente de positividad.

Ejercicios de respiración

Tal como suena, los ejercicios de respiración implican concentrarte en tu respiración y, a menudo, ralentizarla para promover la relajación. Puedes concentrarte en los ejercicios de respiración en cualquier momento que los necesites a lo largo del día, lo que te permite calmar la ansiedad y reducir el estrés en el momento en que sientes que aumenta.

Estos se pueden utilizar como parte de la meditación o la visualización. Por ejemplo, podrías concentrarte en respirar profundamente y visualizarte inhalando una profunda sensación de calma. Cuando exhalas profundamente, puedes imaginar que todo el estrés abandona tu cuerpo y se aleja flotando de ti.

. . .

Hay una variedad de tipos de ejercicios de respiración que se pueden utilizar. Puedes optar por realizar ejercicios de respiración por tu cuenta o buscar que te guíen a través de ellos como con otros tipos de atención plena.

Relajación muscular progresiva (PMR)

La PMR, por sus siglas en inglés, es una técnica de relajación que se enfoca en tensar y luego relajar cada grupo muscular. A menudo, esto será guiado, por lo que una voz te guiará a través de la tensión y luego la relajación de cada área individual de tu cuerpo en un orden específico, para alcanzar un estado profundo de calma.

A menudo se te pedirá que inhales mientras te tensas y que exhales mientras relajas los músculos. La PMR a veces se combina con la visualización, como imaginar que la tensión abandona tu cuerpo a medida que relajas los músculos, o imaginarte a ti mismo/a hundiéndote en tu cama mientras te relajas.

La investigación ha demostrado que la PMR es especialmente útil para aliviar la ansiedad, así como la tensión muscular que a menudo la acompaña. La PMR es un gran ejercicio para hacer por la noche en la cama para ayudarte a conciliar el sueño, pues cuando tu cuerpo está físicamente relajado, no puedes sentirte ansioso/a.

. . .

Movimiento consciente

El movimiento consciente implica el uso de movimientos lentos y fluidos, acompañados de centrarse en el presente y, a menudo, centrarse en la respiración. El yoga, el tai chi y el pilates son tipos de movimiento consciente. Sin embargo, cualquier ejercicio que hagas puede ser consciente enfocándote en el movimiento de tu cuerpo y cómo se siente mientras lo haces.

Por ejemplo, podrías dar un paseo consciente. Mientras caminas, deberías concentrarte en cómo se sienten tus pies al tocar el suelo. Notarías cualquier sonido u olor a tu alrededor, te concentrarías en cómo estás respirando, inhalando y exhalando, a medida que avanzas; te darías cuenta de cómo te sientes emocionalmente y de cualquier cosa que puedas ver.

El movimiento consciente no solo es excelente para la relajación, sino que también obtienes todos los beneficios para la salud del ejercicio al mismo tiempo. El movimiento consciente puede ser particularmente útil para aquellos que luchan por practicar la atención plena mientras están sentados o recostados, sin dejar de proporcionar los mismos beneficios de la atención plena.

Atención plena utilizada en otras terapias

La atención plena a menudo se usa junto con otras terapias psicológicas para brindar los mejores resultados a los pacientes con TOC. Existen 2 terapias principales que han demostrado brindar resultados óptimos en el tratamiento del TOC.

1. Terapia cognitiva basada en la atención plena (MBCT)

La terapia cognitiva conductual (TCC) es una terapia psicológica que trabaja para reemplazar los pensamientos y patrones de comportamiento negativos por otros más positivos. Cuando esto se combina con la atención plena, puede brindar excelentes resultados para los pacientes con TOC.

La terapia cognitiva basada en la atención plena (MBCT, por sus siglas en inglés) combina técnicas de atención plena como la meditación, los ejercicios de respiración y los estiramientos con elementos de la terapia cognitiva conductual para ayudar a romper los patrones de pensamiento negativos.

La MBCT generalmente comienza con psicoeducación, lo que simplemente significa enseñar cómo funciona el TOC. Esto le permite al paciente obtener una visión más profunda de cómo se ha formado el ciclo del TOC y cómo la terapia ayudará a romperlo.

Luego, se le guiará para que observe los pensamientos intrusivos y cambie la forma en que reacciona ante ellos.

Si decides tomar este tipo de terapia, en este punto verás

que las obsesiones son pensamientos distorsionados, más que basados en la realidad.

Dado que esto puede ser bastante estresante para las personas con TOC, usar la atención plena para reducir el estrés y ayudarles a mantenerse enfocados en el momento puede mejorar la efectividad de la terapia.

A menudo, la prevención de exposición y respuesta (ERP), que es una forma de TCC, se usa para ayudar a los pacientes a enfrentar sus obsesiones de manera gradual, sin reaccionar con compulsiones. Con el tiempo, a medida que veas que no pasó nada malo cuando no llevaste a cabo una compulsión, verás que tu ansiedad disminuye. Esto rompe activamente el ciclo del TOC.

Dado que la atención plena se centra en reconocer los sentimientos sin atribuirles importancia, esto puede ser muy útil cuando se combina con ERP. La atención plena fortalece la ERP al alentar la aceptación de las reacciones incómodas de uno a las exposiciones, reduciendo así el poderoso atractivo de los comportamientos compulsivos.

2. **Reducción del estrés basada en la atención plena (MBSR)**

Este programa (MBSR por sus siglas en inglés) combina yoga y meditación para fomentar la relajación y reducir el estrés.

. . .

Ya hemos discutido cuán significativamente el estrés puede afectar a las personas con TOC, por lo que la MBSR puede ser muy efectiva pues tiene como objetivo abordar los pensamientos, sentimientos y comportamientos inconscientes que se cree que aumentan el estrés y socavan la salud.

Las sesiones incluyen una variedad de ejercicios de atención plena durante varias semanas. La MBSR se ha adaptado más recientemente para tratar el TOC, pero hasta ahora se muestra muy prometedor en la reducción de los síntomas del TOC. El objetivo es proporcionar a los pacientes las habilidades para continuar reduciendo el estrés incluso después de que hayan terminado las sesiones.

Así, hay diferentes maneras de practicar la atención plena, según lo que funcione para ti y tus preferencias personales.

Algunas personas pueden usar una combinación de estos según les convenga. Lo que funcione mejor para ti es lo más importante.

Atención guiada

La atención plena guiada implica ser guiado a través de prácticas de atención plena. Esto suele ser en un entorno cara a cara, ya sea por un maestro o un instructor de atención plena, o, a veces, por un terapeuta si la atención plena se usa junto con la terapia. Esto suele ser común cuando se trata de tratar el TOC.

Existen programas de atención en línea. Generalmente, el tratamiento del TOC en línea se centra en el uso de una variedad de técnicas de terapia, incluida la atención plena, para ayudar a los pacientes a aliviar los síntomas del TOC.

Las sesiones de atención plena implicarán escuchar una sesión de audio que te guiará a través de cada paso de la atención plena. La voz será relajante, lo que se suma a la sensación de relajación y, a menudo, se usa música o sonidos relajantes de fondo para mejorar la experiencia.

También, puedes practicar la atención plena por tu cuenta sin ser guiado/a. Esto puede ser en tu propia casa, al aire libre o en cualquier lugar que encuentres tranquilo; también puedes involucrar la atención plena en tus tareas diarias. A menudo, la atención plena en solitario se usa una vez que se han adquirido las habilidades de la atención plena y se han dominado a través de la atención plena guiada.

A veces las personas practican la atención plena en grupos, esto podría hacerse, por ejemplo, en grupos de amigos con ideas afines. También podrías ser parte de la atención plena guiada cuando se realiza en una clase presencial de atención plena o en una terapia grupal de atención plena.

A algunas personas les resulta más difícil alcanzar ese estado de relajación profunda con otras personas a su alrededor, por lo que prefieren practicar la atención plena solas. Sin embargo, otros encuentran que las otras personas en un estado relajado a su alrededor son reconfortantes y alentadoras.

Si deseas acceder a la atención plena guiada cara a cara, es posible que puedas encontrar clases locales de atención plena.

Suelen ser sesiones grupales y son cursos de atención plena a los que asistes una vez por semana durante varias semanas.

También puedes encontrar atención plena guiada privada uno a uno a través de un terapeuta o practicante de atención plena.

Algunas organizaciones benéficas locales de salud mental pueden ofrecer cursos de atención plena, puedes averiguar lo que está disponible buscando en línea. También puedes preguntarle a tu médico o profesional de la salud mental si hay algún recurso local de atención plena que puedas usar. Si deseas una terapia presencial formal de atención plena, habla con tu médico acerca de cómo obtener una remisión o averiguar dónde puedes referirte.

Si prefieres acceder a la atención plena en casa en tu propio tiempo, puedes leer libros o escuchar audiolibros para guiarte. También puedes encontrar muchos recursos en línea, desde artículos hasta videos. Puedes acceder a la terapia de atención plena y la atención plena guiada a través de aplicaciones de terapia y terapia de salud mental en línea.

Reservar de 10 a 15 minutos cada día para llevar a cabo una sesión formal de atención plena (es decir, una meditación o un ejercicio de respiración, por ejemplo), puede ayudarte a seguir desarrollando tus habilidades de atención plena y sentir los beneficios continuos de tu práctica.

Una vez que hayas aprendido las habilidades de la atención plena, también puedes comenzar a hacer que tu vida diaria sea más consciente. Cualquier tarea diaria se puede hacer con atención plena. Por ejemplo, cuando estás cocinando, prestar atención a los olores, sonidos y vistas de la cocina te permite estar atento/a.

Cuando estás comiendo, prestar atención a las texturas y el sabor de tu comida, así como a cómo huele y se ve en el plato, te permite estar atento/a. Realmente presta atención cuando estás viviendo tu día, y encontrarás que estar atento/a se convierte en un hábito positivo. Hay algunas otras maneras en las que puedes vivir más conscientemente:

Intenta algo nuevo

Expande tus horizontes probando cosas nuevas. Puedes comenzar poco a poco, como cambiar la ruta de tu caminata o probar una nueva comida, también podrías intentar adoptar un nuevo pasatiempo o encontrar nuevas formas de conocer gente.

Cuando experimentamos cosas nuevas, nos ayuda a estar más comprometidos y alertas.

Al hacer esto con atención plena y realmente tomar nota de lo que sucede a nuestro alrededor, nos ayuda a perfeccionar nuestra práctica de atención plena y aprender cosas nuevas sobre el mundo que nos rodea.

Ponle nombre a tus pensamientos

Si tienes un pensamiento intrusivo o experimentas ansiedad, reconócelo y ponle un nombre. Piensa para ti mismo/a 'esto es ansiedad, y eso está bien'. Luego puedes trabajar para dejarlo pasar sin reaccionar.

Practica la autocompasión

Si te das cuenta de que eres duro/a contigo mismo/a o usas un lenguaje negativo, trata de detenerte y reemplazarlo con una alternativa más positiva. Por ejemplo, si piensas: "hice esa compulsión, estoy fallando en la terapia", podrías reemplazarlo con "estoy haciendo lo mejor que puedo y esto es solo un bache en el camino".

· · ·

Anímate. Sé amable contigo mismo/a. Trátate a ti mismo/a con la misma compasión que tratarías a un amigo o familiar.

También es positivo comenzar a reservar un tiempo para ti mismo/a para hacer cosas que te brinden alegría.

Difundir amabilidad

Rodéate de personas positivas que te apoyen y te fortalezcan. Recuerda difundir la bondad y ser consciente de cómo tratas a los demás. Esto mejora tu conciencia y te permite fortalecer las conexiones sociales.

Detén tus pensamientos en espiral

Si encuentras que tus pensamientos se atascan en el pasado o se preocupan por el futuro, trae tu mente activamente al presente. Involucra tus sentidos y concéntrate en lo que sucede a tu alrededor. Esto ayuda a detener los pensamientos negativos en seco.

Cualquiera puede aprender las habilidades de la atención plena. Ya tenemos la capacidad de ser conscientes dentro de nosotros, solo necesitamos aprender a aprovecharla. No necesitas seguir ninguna religión específica o cambiar tu sistema de creencias, todo el mundo puede encontrar los beneficios de la atención plena.

Ya tenemos la capacidad de estar presentes, y no requiere que cambiemos quienes somos. Pero podemos cultivar estas cualidades innatas con prácticas simples. Es una habilidad, y como cualquier otra, lleva tiempo aprenderla.

No es necesario comprar ningún equipo especial para participar en la atención plena. Puedes hacerlo donde quieras, cuando quieras, utilizando cualquiera de las técnicas y opciones que ya hemos revisado.

Recuerda que la atención plena es una habilidad y tomará tiempo dominarla, así que trata de no frustrarte demasiado contigo mismo/a cuando recién estés comenzando. Llegarás allí con la práctica. Es una buena idea comenzar con la atención plena guiada para que puedas dominar las cosas.

Hay diferentes tipos de atención plena y varios ejercicios que puedes probar. Si un tipo no se siente adecuado para ti, no te preocupes: no significa que la atención plena no sea para ti.

Puedes tomarte tu tiempo para averiguar qué funciona para ti.

. . .

Practicar la atención plena regularmente te ayudará a ser más consciente en tu vida diaria. También te permitirá perfeccionar tus habilidades y sacar el máximo provecho de la atención plena. Una vez que domines la atención plena, puedes usar estas técnicas para controlar tu TOC a largo plazo. Estarás mejor equipado/a para lidiar con el estrés y la ansiedad cuando surjan, y tendrás un mayor control sobre tus emociones.

12

Trabaja en mejorar tu persona

Es normal sentir que podrías estar haciendo más cuando se trata de la superación personal. Pero ser una mejor persona no implica ser demasiado duro/a contigo mismo/a. De hecho, es todo lo contrario.

Cuanta más bondad y autocompasión puedas fomentar, más equipado/a estarás para tratar a quienes te rodean de la misma manera. Además, hacer el bien a los demás puede darle a tu vida un significado más profundo. Incluso puede ayudar a mejorar tu salud física y mental.

Aquí hay un vistazo a algunas formas de incorporar la superación personal en tu rutina diaria y dejar de lado los pensamientos negativos sobre ti mismo/a.

Cultiva la gratitud

· · ·

Probablemente lo hayas escuchado un millón de veces, pero llevar un diario de gratitud de las cosas por las que estás agradecido/a puede tener un gran efecto en tu forma de pensar.

Las investigaciones han demostrado que incorporar la gratitud en tu vida diaria puede ayudar a evitar el estrés, mejorar el sueño y cultivar relaciones sociales más positivas.

Técnica de los regalos (GIFTS)

Bajo el acrónimo de GIFTS (por su significado en inglés), esta técnica establece que cuando pienses en las cosas por las que estás agradecido/a, busca ejemplos de:

- Crecimiento: crecimiento personal, como aprender una nueva habilidad
- Inspiración: momentos o cosas que te inspiraron
- Amigos o familia: personas que enriquecen tu vida
- Tranquilidad: los pequeños momentos intermedios, como disfrutar de una taza de café o un buen libro
- Sorpresa: lo inesperado o un lindo favor

Al enumerar las cosas por las que estás agradecido/a, es importante asegurarte de anotar también por qué esa cosa te hace sentir gratitud.

. . .

Saluda a todos los que conoces

Ya sea que asientas con la cabeza o sonrías a los extraños que pasan o digas "buenos días" a todos los que ingresan a la oficina, haz un esfuerzo por reconocer a los que te rodean cuando los veas. Al hacerlo, notarás que puedes sentirte más presente y conectado/a con quienes te rodean, incluso si no tienes una relación cercana con ellos.

Prueba una desintoxicación digital

Desconectarte, aunque sea por una pequeña cantidad de tiempo, puede ser beneficioso para tu bienestar. La próxima vez que te encuentres sin nada que hacer, aléjate de tu teléfono durante unas horas. En su lugar, intenta salir a caminar y conectarte con tus pensamientos.

Aléjate de tu teléfono ya sea por unas horas o incluso tómate todo el día libre de dispositivos. En su lugar, intenta salir y conectarte con la naturaleza, o reunirte con amigos en la vida real. Recuerda: incluso un breve descanso de tu teléfono puede ayudarte a relajarte y concentrarte en lo que te brinda alegría.

Usa un diálogo interno positivo

Es fácil quedar atrapado/a en ser demasiado duro/a y crítico/a con tus fallas percibidas. Este diálogo interno negativo e improductivo puede disminuir nuestra motivación general. Si constantemente te dices a ti mismo/a que no eres una buena persona, por ejemplo, es difícil encontrar la motivación para dar pasos hacia la superación personal.

Practica el diálogo interno positivo declarando un hecho y siguiendo con algo de optimismo. La idea es que hechos + optimismo = positividad. La próxima vez que te sientas incompetente o abrumado/a, trata de decirte a ti mismo/a:
"Sé que este cambio va a ser un desafío, pero he pensado mucho en él y he considerado todas las opciones abiertas para mí [hecho], así que me siento seguro/a de que estoy haciendo lo mejor que puedo en este momento [optimismo]."

La parte difícil es atraparte en el acto de un pensamiento negativo y decidir intencionalmente pensar de manera diferente. Pero con un poco de práctica, esto será más fácil.

Practica actos de bondad al azar
Ser amable con los demás puede ayudarte a tener un sentido de propósito y hacerte sentir menos aislado/a. Intenta hacer algo bueno por alguien al azar, como hacer un cumplido a un extraño, comprar el almuerzo para un colega, enviar una tarjeta a un amigo, hacer una donación a alguien que lo necesite.

Notarás que tu estado de ánimo mejora un poco cuando haces el bien por el simple placer de hacerlo. Los estudios muestran que simplemente contar los actos de bondad durante una semana puede aumentar la felicidad y la gratitud.

Come al menos una comida con atención

Cuando estás atrapado/a en medio de un día ajetreado, es tentador apresurarte a comer sin escuchar a tu cuerpo.

La alimentación consciente te da la oportunidad de controlar tanto tus sentimientos físicos como tus emociones.

Elige una comida, incluso si es solo un sándwich, y tómate tu tiempo para comerla, nota los diferentes sabores y texturas. Es un tipo de mini meditación que puede actuar como un simple 'desestresante'.

Duerme lo suficiente

No sentirte completamente descansado/a puede hacer que te sientas malhumorado/a e improductivo/a durante todo el día. Trata de dormir de siete a ocho horas cada noche. Encuentra formas de mejorar la calidad de tu sueño reduciendo tu consumo de cafeína al final del día, tomando un suplemento de melatonina o relajándote con un baño o una ducha tibios antes de acostarte.

Respira conscientemente

Tómate un momento en la parada del autobús, en la fila

del supermercado o antes de quedarte dormido/a para concentrarte en tu respiración. Se ha demostrado que practicar incluso unos minutos al día de respiración profunda estimula la respuesta de relajación de nuestro cuerpo y regula el estrés. Puedes probar la siguiente técnica:

1. Inhala como lo harías normalmente
2. Exhala, asegurándote de tomar más tiempo del que tardaste en inhalar
3. Repite este proceso hasta que empieces a sentirte relajado/a

Si prefieres contar, intenta inhalar mientras cuenta hasta 4, sostener mientras cuentas hasta 7 y exhalar mientras cuentas hasta 8.

Limpiar durante 30 minutos

La forma en que te sientes acerca de tu hogar puede influir en si tu tiempo allí es reparador o estresante. La próxima vez que tengas 30 minutos libres, configura un temporizador y realiza algunas tareas domésticas rápidas que agregarán un poco de brillo a tu día.

Puedes hacer cosas tan sencillas como limpiar el espejo de tu baño, colgar esa foto que amas pero que no has tenido tiempo de mostrar, arreglar tu escritorio, barrer tu cuarto, etc. Recompénsate tomándote un tiempo para disfrutar de tu espacio renovado; por ejemplo, haz una máscara facial en tu baño recién limpio.

. . .

Perdónate a ti mismo/a y a los demás

Aferrarse al arrepentimiento, el dolor y el resentimiento lastima a los demás. Pero también te duele. Cuando sientes alguna de estas emociones, afecta tu estado de ánimo y la forma en que tratas a todos, incluido tú mismo/a. Albergar la falta de perdón genera pensamientos negativos, así que decide dejarlo pasar y haz un plan para nunca irte a la cama enojado/a.

Participa en el autocuidado

A menudo pensamos en el cuidado personal como manicuras y tratamientos de spa (que son excelentes maneras de desestresarse). Pero el cuidado personal diario va mucho más allá de mimarse, también se trata de comer bien y nutrirse lo suficiente para apoyar el desarrollo del cerebro y el cuerpo.

Del mismo modo, asegúrate de hacer ejercicio o mover tu cuerpo de manera consciente, tomarte el tiempo para conectarte con los demás y tener algo de relajación o tiempo libre para ti. Estos no tienen por qué ser esfuerzos que consumen mucho tiempo, busca espacios de tiempo rápidos de 10 o 20 minutos en tu día en los que puedas salir a caminar o prepararte un tazón de fruta fresca.

Sé amable contigo mismo/a

Muchos de nosotros tenemos la costumbre de detenernos en algo que nos dijeron, repitiéndolo a menudo en nuestra mente. En lugar de tomar las cosas personalmente y ser autocrítico/a, puedes optar por ofrecer empatía y comprensión a la otra persona, así como a tu persona.

Piensa en todas las formas en que tienes un impacto positivo en quienes te rodean e intenta escribirlas todos los días. Nuevamente, estos no tienen que ser grandes gestos: tal vez mantuviste la puerta abierta para que alguien llevara bolsas pesadas, o comenzaste a preparar una taza de café recién hecho en el trabajo cuando notaste que se estaba agotando.

Si descubres que todavía estás luchando por cambiar tu estado de ánimo, puedes pensarlo de la siguiente manera:
"Mañana es un nuevo día, así que, si hoy me castigo por algo, me dejaré llevar con paciencia y comenzaré de nuevo mañana".

Trata de tratarte a ti mismo/a de la misma manera que lo harías con un ser querido. ¿Regañarías constantemente a tu mejor amigo si tuviera un día "inactivo" y tuviera un pequeño error en algo? Ojalá no. Y tampoco deberías hablarte a ti mismo/a de esa manera.

Es normal quedar atrapado/a tratando de convertirte en la mejor versión de ti mismo/a, pero ser una mejor persona comienza con tratarte a ti mismo/a con la misma bondad amorosa que tratas a los demás. Esto significa no juzgarte a ti mismo/a con dureza cuando no alcanzas tus objetivos, sino el mostrarte paciencia y compasión en tus días malos.

. . .

Ten en cuenta que hay muchas formas de convertirte en una mejor persona, y las que se ofrecen aquí son solo algunas.

Encuentra lo que te haga sentir más alegre y te enriquezca más y trata de incorporarlo a tu vida diaria.

13

Importancia de la salud mental

Me parece que llegados a este punto ya lo sabes, sin embargo, es importante recalcar que tu salud mental es una parte importante de tu bienestar. Este aspecto de tu bienestar determina cómo puedes operar psicológica, emocional y socialmente, entre otros.

Teniendo en cuenta el papel que juega tu salud mental en cada aspecto de tu vida, es importante proteger y mejorar el bienestar psicológico utilizando las medidas adecuadas. Debido a que diferentes circunstancias pueden afectar tu salud mental, destacaremos los factores de riesgo y los signos que pueden indicar angustia mental; pero lo más importante, nos sumergiremos en todos los beneficios de tener tu salud mental en su mejor forma.

Factores de riesgo para una mala salud mental

• • •

La salud mental se describe como un estado de bienestar en el que una persona es capaz de hacer frente a las tensiones normales de la vida. Este estado permite la producción de trabajo productivo y permite contribuciones significativas a la sociedad.

Sin embargo, existen diferentes circunstancias que pueden afectar la capacidad de manejar las curvas de la vida. Estos factores también pueden interrumpir las actividades diarias y la capacidad de gestionar estos cambios. Los siguientes factores, enlistados a continuación, pueden afectar el bienestar mental y podrían aumentar el riesgo de desarrollar trastornos psicológicos.

Abuso infantil

Cuando un niño es objeto de agresión física, violencia sexual, abuso emocional o negligencia mientras crece, puede provocar una angustia mental y emocional grave. El abuso aumenta el riesgo de desarrollar trastornos mentales como depresión, ansiedad, trastorno de estrés postraumático o trastornos de personalidad.

Los niños que han sido abusados pueden eventualmente lidiar con problemas de consumo de alcohol y sustancias. Pero más allá de los problemas de salud mental, el abuso infantil también puede provocar complicaciones médicas como diabetes, derrames cerebrales y otras formas de enfermedades cardíacas.

. . .

El entorno

Un fuerte contribuyente al bienestar mental es el estado del entorno habitual de una persona. Las circunstancias ambientales adversas pueden causar efectos negativos en el bienestar psicológico. Por ejemplo, las condiciones meteorológicas pueden influir en un aumento de los casos de suicidio.

Del mismo modo, experimentar desastres naturales de primera mano puede aumentar las posibilidades de desarrollar trastornos de estrés post traumático. En ciertos casos, la contaminación del aire puede producir efectos negativos sobre los síntomas de depresión. Por el contrario, vivir en un entorno social positivo puede brindar protección contra los desafíos mentales.

Biología

Tu composición biológica podría determinar el estado de tu bienestar. Se ha descubierto que una serie de trastornos de salud mental son hereditarios y pueden transmitirse a los miembros de la familia. Estos incluyen condiciones como el autismo, el trastorno por déficit de atención con hiperactividad, el trastorno bipolar, la depresión y la esquizofrenia.

Estilo de vida

Tu estilo de vida también puede afectar tu salud mental. Fumar, una dieta deficiente, el consumo de alcohol, el uso de sustancias y el comportamiento sexual de riesgo pueden causar daños psicológicos. Estos comportamientos se han relacionado con la depresión.

Signos de problemas de salud mental

Cuando la salud mental se ve comprometida, no siempre es evidente para el individuo o quienes lo rodean. Sin embargo, hay ciertas señales de advertencia a tener en cuenta que pueden significar cambios negativos para el bienestar. Estos incluyen:

- Un cambio en los hábitos alimenticios, ya sea por exceso o por deficiencia
- Una reducción notable en los niveles de energía
- Ser más solitario/a y rehuir a los demás
- Sentir desesperación persistente
- Consumir alcohol, tabaco u otras sustancias más de lo habitual
- Experimentar confusión, ira, culpa o preocupación sin explicación
- Cambios de humor severos
- Buscar peleas con familiares y amigos
- Escuchar voces sin fuente identificable
- Pensar en autolesionarse o causar daño a otros
- Ser incapaz de realizar las tareas diarias con facilidad

Sean jóvenes o mayores, no se puede subestimar la importancia de la salud mental para el bienestar total. Cuando el bienestar psicológico se ve afectado, puede causar comportamientos negativos que pueden no solo afectar la salud personal sino también comprometer las relaciones con los demás.

Existen diferentes beneficios de tener una buena salud mental, como por ejemplo el tener una mayor capacidad para hacer frente a los factores estresantes de la vida. Cuando los estados mentales y emocionales están en niveles óptimos, los desafíos de la vida pueden ser más fáciles de superar.

Donde el alcohol/drogas, el aislamiento, las rabietas o las peleas pueden haber sido adoptados para manejar disputas de relaciones, problemas financieros, desafíos laborales y otros problemas de la vida, un estado mental estable puede fomentar mecanismos de afrontamiento más saludables.

También ayuda a desarrollar una autoimagen positiva. La salud mental se correlaciona en gran medida con los sentimientos personales sobre uno mismo, el bienestar mental general juega un papel importante en tu autoestima y la confianza a menudo puede ser un buen indicador de un estado mental saludable.

Una persona cuya salud mental está prosperando es más probable que se concentre en lo bueno que hay en sí misma. Perfeccionará estas cualidades y, por lo general, tendrá ambiciones que le llevarán a esforzarse por llevar una vida sana y feliz.

· · ·

De igual manera, si tu salud mental está en buen estado, es posible que seas más capaz de brindarles a tus amigos y familiares tiempo de calidad, afecto y apoyo, construyendo relaciones más sanas. Cuando no estás angustiado/a emocionalmente, puede ser más fácil presentarte y apoyar a las personas que te importan.

Otro beneficio es la mejora de la productividad. Lidiar con la ansiedad u otros trastornos de salud mental puede afectar tus niveles de productividad.

Si te sientes mentalmente fuerte, es más probable que puedas trabajar de manera más eficiente y brindar un trabajo de mayor calidad.

Cuando el bienestar mental prospera, también la calidad de vida puede mejorar. Esto puede dar lugar a una mayor participación en la construcción de la comunidad, por ejemplo, puedes comenzar a trabajar como voluntario/a en comedores populares, colectas de alimentos, refugios, etc. También puedes adquirir nuevos pasatiempos, hacer nuevas amistades y viajar a nuevas ciudades.

Debido a que la salud mental es tan importante para el bienestar general, es importante que cuides tu salud mental.

. . .

Para mantener la salud mental en forma, es posible que se requieran algunas introducciones y cambios en las prácticas de estilo de vida. Estos incluyen:

- Hacer ejercicio regularmente
- Priorizar el descanso y el sueño a diario
- Probar la meditación y la atención plena
- Aprender habilidades de afrontamiento para los desafíos de la vida
- Mantenerte en contacto con tus seres queridos
- Mantener una visión positiva de la vida

Otra forma comprobada de mejorar y mantener el bienestar mental es a través de la guía de un profesional.

La terapia de conversación puede enseñarte formas más saludables de interactuar con los demás y mecanismos de afrontamiento para probar durante los momentos difíciles.

La terapia también puede ayudarte a abordar algunos de tus propios comportamientos negativos y brindarte las herramientas para realizar algunos cambios en tu propia vida. Tu estado de salud mental puede tener un profundo impacto en todas las áreas de tu vida. Si te resulta difícil abordar los problemas de salud mental por tu cuenta, no dudes en buscar la ayuda de un terapeuta autorizado.

14

Consejos finales

Como una manera de darte un impulso final y resumir cuestiones importantes para tu proceso, aquí están 25 consejos finales para tener éxito en tu camino para superar la obsesión, compulsión, necesidad de control y perfeccionismo.

1. Siempre espera lo inesperado. Puedes tener un pensamiento obsesivo en cualquier momento o en cualquier lugar; no se sorprenda cuando ocurran los viejos pensamientos o incluso lleguen nuevos. No dejes que te tire.

Debes estar preparado/a para usar tus herramientas de terapia y atención plena en cualquier momento y en cualquier lugar. Además, si aparecen nuevos pensamientos, asegúrate de decírselo a tu terapeuta para que pueda actualizar tu tratamiento.

1. Muestra disposición a aceptar el riesgo. El riesgo es una parte integral de la vida y, como tal, no se

puede eliminar por completo, recuerda que no recuperarte es el mayor riesgo de todos.
2. Nunca busques reafirmación en lo que tú controlas o en los demás. En cambio, repítete a ti mismo/a que lo peor puede suceder, está sucediendo o ya sucedió. La reafirmación cancelará los efectos de cualquier tarea de terapia en la que estés y evitará que mejores; la búsqueda de reafirmación constante también es una compulsión, sin importar cómo intentes justificarla.
3. Esfuérzate siempre por aceptar todos los pensamientos obsesivos; nunca los analices, cuestiones ni discutas con ellos. Las preguntas que plantean no son preguntas reales y no hay respuestas reales para ellas, así que trata de no ser demasiado detallado/a al aceptar, simplemente acuerda que los pensamientos son verdaderos y reales.
4. No pierdas el tiempo tratando de prevenir o no pensar en tus pensamientos, esto solo tendrá el efecto contrario y conducirá a pensar más pensamientos. Los estudios han demostrado que no se puede detener o reprimir de forma efectiva determinados pensamientos. Tu lema debería ser: *"Si quieres pensar menos en ellos, piensa más en ellos"*.
5. Trata de no ser un/a pensador/a de blanco o negro, de todo o nada; no te digas a ti mismo/a que un desliz significa que ahora eres un fracaso total. Si tienes un desliz y tienes una compulsión, siempre puedes darle la vuelta y hacer algo para cancelarla.

La buena noticia es que estás en esto a largo plazo y siempre tienes otra oportunidad, es normal cometer errores al aprender nuevas habilidades, especialmente en terapia; le pasa a todo el mundo de vez en cuando. Acéptalo. Incluso si tienes un gran contratiempo, no dejes que te desanime.

Recuerda el dicho: "Un desliz no es una recaída". Esto significa que realmente nunca vuelves al punto de partida. Para hacer eso, tendrías que olvidar todo lo que has aprendido hasta ese momento, y eso realmente no es posible. También recuerda los dichos "nunca confundas una sola derrota con una derrota final", y como dicen en AA, "siempre puedes comenzar tu día de nuevo".

1. Recuerda que el manejo de tus síntomas es solo tu responsabilidad. No involucres a otros en tu tarea de terapia (a menos que tu terapeuta te lo indique) ni esperes que te empujen o te motiven. No siempre estarán ahí cuando los necesites, pero TÚ siempre estás ahí para TI.
2. No te impacientes demasiado con tu progreso ni te compares con otra persona, cada uno va a su propio ritmo. En su lugar, trata de concentrarte simplemente en realizar la tarea de terapia de cada día, un día a la vez.
3. Cuando tengas una opción, siempre ve hacia la ansiedad, nunca te alejes de ella. La única forma de superar un miedo es enfrentándolo; no puedes huir de tus propios pensamientos, por lo que realmente no tienes más remedio que

enfrentarlos. Si quieres recuperarte, tendrás que hacer esto.
4. Cuando te enfrentes a dos opciones posibles de qué enfrentar, elige la más difícil de las dos siempre que sea posible.
5. Revisa todos los días tus tareas de terapia, incluso si crees que las sabes todas. Es fácil pasarlas por alto, especialmente las que no esperas hacer.
6. Si tu terapeuta te asigna una tarea para la que no te sientes preparado/a, puedes hablar y decírselo. Como la mitad del equipo terapeuta-paciente, deberías poder opinar sobre tu propia terapia.

El objetivo es que la tarea produzca algo de ansiedad para que te acostumbres a tolerarla, no que te abrumes con ella y te cause un contratiempo. Por otro lado, no tengas miedo de retarte un poco siempre que puedas.

1. No esperes el "momento perfecto" para comenzar tus tareas de terapia. La procrastinación es una característica del TOC o perfeccionismo de muchas personas, así que comienza tus tareas de terapia el día que las recibas. El momento perfecto es cuando empiezas a hacerlas.
2. No te dejes desviar por el perfeccionismo. El perfeccionismo puede ser otra característica del TOC, y es posible que tu TOC te diga que si no haces tu tarea a la perfección entonces no te recuperarás. Si te encuentras obsesionado/a con tener que hacer tu tarea a la perfección, corres el riesgo de convertirla en otra compulsión.

Ten cuidado con tener que hacer tu tarea de acuerdo con las mismas reglas rígidas cada vez que la haces. Además, no hagas tu tarea en una manera excesivamente dedicada, que te ocupe todo el día. Recuerda que todavía tienes una vida por vivir.

1. Trata de leer tus tareas asignadas al comienzo de cada día. No asumas que las conoces todas y que no las olvidarás.
2. Al realizar tareas, ten cuidado de no caer en la necesidad de reafirmación y deshacer tu arduo trabajo. Decirte a ti mismo/a cosas como: *"es solo tarea, y las cosas que digo y hago no cuentan y no son reales"* o *"mi terapeuta no me pediría que hiciera algo que me causaría daño a mí o a los demás"* o *"solo estoy haciendo esto porque me lo ordenaron, así que no soy responsable de nada malo que suceda"*, puede socavar todo el trabajo que estás haciendo, asume tus acciones y responsabilidades.
3. Presta toda tu atención a tu tarea, concéntrate en lo que estás haciendo y permítete sentir la ansiedad. Trata de no desconectarte cuando hagas ciertas tareas, para que no tengas que sentir la ansiedad.

La gente a veces deja que la tarea se convierta en una rutina y la hace de forma muy automática como una especie de evasión. Además, no hagas la tarea mientras realizas otras actividades que te distraigan. Estás construyendo tolerancia a lo que temes, y para que eso suceda, tienes que estar en el momento con eso.

1. Cuando te enfrentes a una tarea desafiante o una

situación desafiante inesperada, trata de verlo como algo positivo. Velo como otra oportunidad para mejorar en lugar de decir: *"oh, no. ¿Por qué tengo que hacer esto?"*; en cambio, repítete: *"esto será bueno para mí: otra oportunidad para practicar y fortalecerme".*
2. Trata de no apresurarte con tu tarea de terapia para no tener que sentir tanta ansiedad, tómate tu tiempo y ve si puedes verlo en términos de todo el bien que te hará. Terminar con esto lo más rápido posible no es el objetivo: elevar un nivel moderado de ansiedad y permanecer con él es el objetivo.
3. Si tu tarea realmente no te causa ansiedad, díselo a tu terapeuta. Si tu tarea de exposición no te causa al menos algo de ansiedad, no te va a ayudar mucho; y, por otro lado, trata de hacer todas las tareas nuevas durante al menos una semana antes de decidir que no te ponen ansioso/a. Algunas asignaciones pueden causar reacciones más adelante, y puede ser necesario hacerlas varias veces antes de que se presente la ansiedad.
4. A veces es posible que el TOC intente hacerte dudar de tu tarea. Puede decirte que no estás en el tratamiento correcto, que tus tareas no pueden mejorarte o que realmente no entiendes lo que estás haciendo y no podrás hacerlo funcionar.

Recuerda que el TOC se conocía como la enfermedad de la duda y tratará de poner en duda cualquier cosa que sea importante para ti. Para luchar contra esto, es posible que tengas que estar de acuerdo diciendo: *"Sí, así es. Realmente no mejoraré, pero voy a continuar".*

1. Nunca olvides que tienes TOC (si lo han diagnosticado). Esto significa que no siempre podrás confiar en tus propias reacciones o en las cosas que piensas y sientes, especialmente si parecen estar diciéndote cosas muy negativas y extremas. Si no estás seguro/a de si algo es realmente un síntoma, trátalo como un síntoma, pues es mejor hacer un poco más de exposición que no lo suficiente.
2. Recuerda que, en el TOC, el problema no es la ansiedad, el problema son las compulsiones. Si crees que la ansiedad es el problema, solo harás más compulsiones para deshacerte de ella (lo que solo creará más ansiedad). En cambio, si reconoces que las compulsiones son el problema, dejas de hacerlas y permaneces en la situación aterradora, la ansiedad finalmente desaparecerá a medida que desarrolles tolerancia.
3. Siempre toma un momento para estar orgulloso/a de tus propios esfuerzos y reconocer tus éxitos. Es una buena manera de ayudar a mantener tu motivación. Mira hacia atrás a las asignaciones anteriores que ya no son desafiantes si crees que no estás progresando.
4. En general, nunca olvides que el TOC es muy paradójico y rara vez tiene mucho sentido. Las cosas que pensaste que te harían mejor solo te hacen peor, y las cosas que pensaste que te harían peor son las mismas cosas que te harán mejor.

Conclusión

Ahora que hemos visto que la necesidad de control y el perfeccionismo se pueden relacionar con el trastorno obsesivo-compulsivo (aunque no necesariamente el ser perfeccionista o controlador/a te diagnostica con TOC inmediatamente), es momento de hacerte cargo de tu vida y tus pensamientos, y tomar acción para poder mejorar a tu persona antes de que tus síntomas escalen.

Todo el mundo experimenta pensamientos intrusivos ocasionales. Si bien pueden ser extraños o incluso perturbadores, la mayoría de las personas no piensan demasiado en ellos; los pensamientos simplemente van y vienen. Sin embargo, si tienes TOC, estos pensamientos pueden volverse obsesivos. Es posible que te resulte difícil sobrellevar la situación y que te resulte difícil funcionar en tu vida diaria.

Trata de resistir la tentación de alejar los pensamientos intrusivos. La supresión puede parecer una solución lógica, pero en realidad puede intensificar, en lugar de disminuir, la obsesión y la angustia que experimentas a tu alrededor.

Conclusión

Tus pensamientos son reales, pero haz que tu objetivo sea reconocerlos sin identificarte con ellos. Ahora saber que definitivamente ayuda si evitas analizar o cuestionar demasiado estos pensamientos, pues esto solo mantendrá el ciclo en marcha.

Si tienes dificultades para hacer frente a los pensamientos intrusivos, habla con un médico o un proveedor de salud mental. Si tienes TOC, existen tratamientos que pueden ayudarte a controlar tus síntomas. Intenta aplicar todo lo que hemos revisado en estas páginas, pues ciertamente tienes la capacidad de superar tus compulsiones, ¡mereces una mejor vida y puedes tenerla!

Referencias

Brooke, M. 2021. "Why are controlling people that way? What it means and how to deal with them" en *Medium*. Recuperado de https://medium.com/mind-cafe/why-are-controlling-people-that-way-what-it-means-and-how-to-deal-with-them-d5fb35dca7cd

D'Arcy-Sharpe, A. 2020. "Your guide to mindfulness for OCD" en *Impulse*. Recuperado de https://impulsetherapy.com/your-guide-to-mindfulness-for-ocd/

Lamothe, C. 2019. "How to become a better person in 12 steps" en *Healthline*. Recuperado de https://www.healthline.com/health/how-to-be-a-better-person

Medcalf, A. "How to deal with your control issues" en *Abby Medcalf PhD*. Recuperado de https://abbymedcalf.com/how-to-deal-with-your-control-issues/

N.A. 2019. "Perfectionism" en *Good Therapy*. Recuperado de https://www.goodtherapy.org/learn-about-therapy/issues/perfectionism

N.A. 2019. "The impact of OCD on relationships" en *United Brain Association*. Recuperado de https://unitedbrainassociation.org/2019/07/24/the-impact-of-ocd-on-relationships/#:~:text=Fears%20about%20contamination%2C%20g

Owen, K. 2021. "How can I stop OCD thoughts?" en *Very Well Mind*. Recuperado de https://www.verywellmind.com/how-can-i-stop-ocd-thoughts-2510498

Penzel, F. 2014. "25 tips for succeeding in your OCD treatment" en *International OCD Foundation*. Recuperado de https://iocdf.org/expert-opinions/25-tips-for-ocd-treatment/

Resnick, A. 2021. "Why letting go of control can help you enjoy life" en *Very Well Mind*. Recuperado de https://www.verywellmind.com/letting-go-of-control-can-help-you-enjoy-life-5208817

S.D "Obsessive compulsive dissorder" en *Better Health Channel*. Recuperado de https://www.betterhealth.vic.gov.au/health/conditionsandtreatments/obsessive-compulsive-disorder#ocd-can-have-a-profound-effect-on-a-person%E2%80%99s-life

S.D. "What is OCD?" en *International OCD Foundation*. Recuperado de https://iocdf.org/about-ocd/

Smith, L. 2018. "8 clues your need for control is ruining your relationships" en *Healthination*. Recuperado de https://www.healthination.com/health/controlling-relationships/

Springer, S. 2012. "How perfectionism hurts relationships" en *Psychology Today*. Recuperado de https://www.psychologytoday.com/us/blog/the-joint-adventures-well-educated-couples/201209/how-perfectionism-hurts-relationships#:~:text=A%20perfectionist%20may%20avoid%20talking,competitive%2C%20even%20with%20their%20

Taylor, M. 2021. "Perfectionism: 6 consequences to watch for" en *WebMD*. Recuperado de https://www.webmd.com/balance/features/consequences-perfectionism

Referencias

Wignall, N. 2018. "What causes perfectionism and how can care promote it?" Recuperado de https://nickwignall.com/what-causes-perfectionism/

www.ingramcontent.com/pod-product-compliance
Lightning Source LLC
LaVergne TN
LVHW021719060526
838200LV00050B/2754